JN038239

銅直信子　坂東実子

大学生のための 文章表現&口頭発表 練習帳 改訂第2版

国書刊行会

はじめに

　この本は文章を書くこと、発表をすることが苦手な日本人学生および留学生が、自分の身近な問題から徐々に範囲を広げていき、大学での学びに必要な表現力をつけることを目的にしています。また、苦手ではない学生にも、新たな気づきをもたらすでしょう。

　本書の一番の特徴は、課題ごとに**「型」が提示してあり、〈設計図〉を埋めていく**ことで、自分の思いや考えを表現できるようにしていることです。また、各課に**セルフチェック表**がついており、自分で見直す力もつきます。**「文章表現」の内容と「口頭発表」の内容をリンクさせている**ことも特徴の１つです。「文章表現」で仕上げた成果を、「口頭発表」の授業で応用することができます。また、ウォーミングアップとして、基礎知識を復習する**「ことばのドリル」**や、社会に出てからも役に立つ**「敬語のドリル」**も用意してあります。

　本書のトレーニングメニューに沿って練習を重ねていけば、文章で表現することに苦手意識を抱えている学生も、必ず書けるようになり、また、自分自身で考えた内容を、人前で発表することができるようになるでしょう。自分の思いや考えを相手が理解できるように伝えるには、どのような技法や作法が必要とされるのか、本書を通じて学んでください。

　また、本書は2019年に出版した『大学生のための文章表現＆口頭発表　練習帳　改訂版』の第２版となります。

　刊行後いただいた様々な意見をもとに、よりわかりやすい本になるよう内容を見直し、掲載資料をアップデートしました（改訂第２版で変更になった箇所に関しては、出版社のホームページに一覧表があります）。

　この本を使うことで、自分たちの思いや考えを文章で表現する、口頭で発表することへの苦手意識がなくなり、楽しいことだと感じるようになってもらえれば、著者にとって望外の喜びです。

2021年10月

銅直信子
坂東実子

執筆　**坂東実子**（文章表現・口頭発表第4課99、100ページ・第8課・ことばのドリル・敬語のドリル）
　　　銅直信子（口頭発表第1課～第3課・第4課98、100ページ、ダウンロード資料・第7課）

本書の特徴・使い方

本書のねらい

　本書では、大学生のための文章表現（紹介文、意見文等）、口頭発表（スピーチ、プレゼンテーション、ディベート等）を取り上げています。

　しっかりした文章を書けること、きちんとした発表ができることは、大学に限らず、社会に出てからも基本となるスキルです。そのスキルを養成するために、この本は編集されています。

　大学では、多くのレポートを書き、発表します。調べた情報を紹介し、考察して意見を伝える、というものです。ここでは「わかりやすく伝える」ことが重要になります。

　本書には、書きやすく、話しやすく、読みやすく、わかりやすい表現方法を身につけるためのトレーニングメニューが組まれています。スポーツや芸術や仕事など、何でもはじめは、目的を持ち、見本を見て、基本の型を学びます。押さえるべきポイントがわかると、セルフチェックできるようになり、そのうち自分自身のスタイルが確立します。文章表現・口頭発表の場合も同様に基礎練習から始めることが、上達の近道であると言えるでしょう。本書のトレーニングを通して、相手にしっかりと自分の考えを伝えられる表現力を身につけましょう。

本書の構成

　本書は大きく４つにわかれています。

　　　ことばのドリル（基本的な言葉づかい、仮名づかいなどを復習します）
　　　第１部　文章表現
　　　第２部　口頭発表
　　　付録　敬語のドリル（敬語の基礎を学習します）

「文章表現」「口頭発表」は、基本的に以下の流れで構成されています。
「口頭発表」５課〜８課は、それぞれの進め方が設定されています。
では、どのような流れで学習を進めるか見てみましょう。

Step 1　この課で学ぶこと（目的を持つ）

各課で学ぶことが簡潔に提示されています。何をやるべきなのか、目を通しましょう。

Step 2　文章例／発表例（見本を見る）

見本となる文章例・発表例を提示しています。まずはここを読んで、例のような文章を書く、発表をすることを目指します。

この例を見て、自分でも同じようなものが書ける、と思った人は、Step 4 へ行き、自分の文章・発表の原稿作成に取りかかりましょう。

Step 3　〈設計図〉例（見本の「型」を知る）

見本の文章例／発表例の後に、〈設計図〉例を設定しています。例の文章・発表は、この〈設計図〉に基づき考えられています。どのような〈設計図〉を書けば、見本のような文章・発表を完成させることができるのか、この〈設計図〉をよく見て考えましょう。

Step 4　〈設計図〉に記入（「型」に従って構成を立てる）

自分の〈設計図〉を書きます。〈設計図〉にはあらかじめ何を書けばいいのか指示があります。その指示に従って、空欄を埋めていきましょう。いきなり文章や発表スクリプトを書くことは難しくても、この〈設計図〉に沿って、流れを考え、考えをまとめていけば、「自分の文章・発表」を完成させられるようになります。

Step 5　文章作成（表現する）

いよいよ自分の文章を書く／発表スクリプトを考える番です。先に作成した〈設計図〉に基づいて、文章を書きましょう。口頭発表では、書いたスクリプトに基づき、発表をしましょう。

Step 6　セルフチェック

ポイントを押さえながら課題に取り組んだり、出来上がった時点で確認したりできるようにセルフチェック表がついています。慣れてくると、このような表がなくても重要な点を意識することができるようになります。

　本文中に「ダウンロード」というアイコンがある場合、出版社のホームページ（http://www.kokusho.co.jp）より、ワークシートをダウンロードすることができます。授業で配布される場合もあるかもしれませんが、自分でも気軽にダウンロードして、さまざまなテーマに挑戦してみましょう。

　以下の資料がダウンロードできます。

オリジナル原稿用紙　20字×25行（文章表現第1〜3課）

　　　　　　　　　　30字×30行（文章表現第4〜6課）

　　　　　　　　　　40字×40行（文章表現第7課）

発表スクリプト用紙（口頭発表第1〜4課）

　他にも、応用問題、資料などが用意されています。応用問題などは順次追加される予定です。

本書の特徴

「書きやすい」から「わかりやすい」

　やみくもに書き始めて、途中で何を言いたいのかわからなくなったり、尻すぼみになったりした経験がある人は多いでしょう。「○○について800字で書きましょう」と言われて、絶望的な気分になった経験はありませんか。

　本書の「例」を見本に〈設計図（型）〉に記入し、見通しを立てて書くトレーニングは、これまで文章を書くのが苦手だった人や、相手に意見をうまく伝えられなかった人にも、とても取り組みやすいものです。そして基本の構成のもとに書き進めると、思考も整理され、仕上がった文章は、読む人にとっても、非常にわかりやすいものになります。また、口頭発表する際にも、丸暗記などしなくても構成がしっかりしているので、言葉が自然と口から出てきます。

　実際に、このトレーニングを通して、書くのが苦痛ではなくなった、レポートの評価が上がった、口頭発表で緊張しなくなった、などの声がよく聞かれます。

「型」を身につけよう

　本書の「型」のトレーニングでは以下のような文章、口頭発表のスクリプトが書けるようになります。

　① 序論・本論・結論（起承転結）の構成が読みとりやすい。

　② 客観的情報と主観的記述の区別がしっかりしている。

　③ 問題になっている事柄の「対立軸」がはっきりしている。

　④ 過去・現在・未来など情報の「時間軸」が整理されている。

「型」を使う大切さについて

　こうした「型」の要素は、自分の考えを整理することにも役立ちます。「型どおり」「型にはまった」というように「型」が否定的にとらえられることもありますが、「わかりやすさ」「感動」を生む、人間のコミュニケーションの基本、普遍的な要素でもあるのです。例えば、「世界に一つだけの花」という歌があります。この歌も実は本書で学ぶものと同様の「型」を持っています。

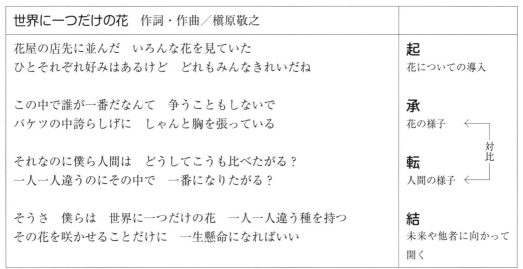

世界に一つだけの花　作詞・作曲／槇原敬之	
花屋の店先に並んだ　いろんな花を見ていた ひとそれぞれ好みはあるけど　どれもみんなきれいだね	**起** 花についての導入
この中で誰が一番だなんて　争うこともしないで バケツの中誇らしげに　しゃんと胸を張っている	**承** 花の様子
それなのに僕ら人間は　どうしてこうも比べたがる？ 一人一人違うのにその中で　一番になりたがる？	**転** 人間の様子
そうさ　僕らは　世界に一つだけの花　一人一人違う種を持つ その花を咲かせることだけに　一生懸命になればいい	**結** 未来や他者に向かって開く

対比（承・花の様子 ←→ 転・人間の様子）

　私たちの身の回りにある、わかりやすく、感動を伝える表現の多くが、このような基本的な「型」を持ち、そのうえで、さまざまな個性的なスタイルを確立しています。

セルフチェック

　文章を書き終わった際に、自分でよく書けたかわからず、返却されても、「なぜこの点数なのだろう」と納得できないと、力はなかなかつきません。本書は各課の「セルフチェック」表（①〜⑩のポイントチェック式）を見ながら、自己採点できるようになっています。課題提出の前に、自分の書いた文章をしっかり見直すこともでき、口頭発表する際にも、ポイントをチェックしてよりよい発表ができます。

文章表現の場合

　チェックポイント①〜④は技能点です。字の大きさ、誤字脱字の有無、文体の統一、原稿用紙のマナー、指定の段落数など、基本的な技能をチェックします。

　チェックポイント⑤〜⑩は内容点です。各段落に指定された内容が書かれているかをチェックします。⑩以外は、よく気をつけていればクリアできるので、誰でも90点をとることができます。さらに⑩の独創性や発想力のポイントを獲得して100点を目指すことで、自分自身の考えを深め、多様な角度から物事を考えるモチベーションが高まります。

口頭発表の場合

　チェックポイント①〜⑤はスクリプトの構成・内容・表現に関するものです。文章表現のチェックポイントのようにセルフチェックできます。

　チェックポイント⑥〜⑩は発表の態度やわかりやすさなどで、聞き手や教師が判断するものですが、発表者は、自分の発表のチェックされるポイントを知って、意識することができます。

参考文献

蒲谷宏・川口義一・坂本惠（1998）『敬語表現』

小笠原喜康（2002）『大学生のためのレポート・論文術』講談社

吉岡友治（2002）『吉岡のなるほど小論文講義10』桐原書店

樋口裕一（2010）『文章表現の技術　"文章力"がメキメキ上達する』産業能率大学出版部

高崎経済大学産業研究所編（2013）『高大連携と能力形成』日本経済評論社

長尾佳代子・谷川裕稔・中園篤典（2013）『大学生・短大生のための大学での学び方』旺文社

安永悟・須藤文（2014）『LTD話し合い学習法』ナカニシヤ出版

平川敬介（2015）『600字で書く文章表現法』大阪教育図書　他

切田節子・長山恵子（2016）『アクティブ・ラーニングで身につけるコミュニケーション力　聞く力・話す力・人間力』近代科学社

ことばのドリル

このドリルの目的☞

- 「です・ます体」「だ・である体」の
  ２つの文体を書き分ける力をつける
- 「くだけた話し言葉」を
  「ととのった表現」にする力をつける
- 「主観」表現と「客観」表現を見分け、
  書き分ける力をつける
- 「箇条書き」を「文章」にまとめたり、
  「文章」を「箇条書き」に要約する力をつける

ことばのドリル **Part 1** 「だ・である体」から「です・ます体」へ

Ⅰ 「だ・である体」の文を「です・ます体」の文に書き換えましょう。

　直す表現に下線をつけて、その下に記入しましょう。常体（だ・である体）とは、レポートなどの文書に使用する文体で、敬体（です・ます体）とはスピーチや手紙などに使用する文体です。挿入する引用や会話文などは例外ですが、同一文書内では、文体を統一しましょう。

① 富士山は日本で一番高い山である。

_____

② 私は毎日、朝6時に起床する。

_____

③ 赤い靴はあまり売れないが、黒い靴はよく売れる。

_____

④ 彼は「この本を貸してくれ」と言った。

_____

⑤ 以前はハードカバーの本が好まれたが、最近はあまり好まれないそうだ。

_____

⑥ 近い将来、電気自動車が主流になるのではないだろうか。

_____

⑦ 大学入学の年齢に上限はないが、下限はある。

_____

⑧ 「ゴミを捨てるな」という立て看板は、そこにはもう見当たらなかった。

_____

⑨ これは、広島県の観光資源について調査・報告した学生のレポートである。

_____

⑩ かつて、この一帯は海だったが、今では高層マンションが立ち並んでいる。

_____

ことばのドリル Part 2 「です・ます体」から「だ・である体」へ

Ⅰ 「です・ます体」の文を「だ・である体」の文に書き換えましょう。

① 私は昨日、大学には行きませんでした。

② 明日もこの作業をするのでしょうか、と不安になりました。

③ 彼は「この近くに郵便局はありますか」とたずねればよかったのではないでしょうか。

④ 以前は赤い靴もよく売れましたが、最近はあまり売れません。

⑤ 明日のことはわかりませんが、きっと晴れるでしょう。

⑥ 林先生がたばこを買うはずがありません。彼の見まちがいではありませんか。

⑦ 「学生は階段を使いましょう」というポスターは、もうありませんでした。

⑧ 私は、高齢者の医療費について調査・考察していますが、これは大変難しい問題です。

⑨ パソコンの操作は難しいです。ですから、毎日、友人と練習しようと思います。

⑩ 富士山は美しい山です。私は登ったことがありませんが、父は登ったそうです。

ことばのドリル Part 3 「くだけた表現」を「ととのった表現」に

ここでは、みなさんが日常よく話している「くだけた表現」をプレゼンテーションの時や文書を作成する時などに使ってしまわないように、「ととのった表現」に直す練習をします。

■ ポイント ■

① 「に・を・は・が」を省略しない。

　　例：学校行くと〜⇒学校に行くと〜

　　問題：「ギター弾く」　　　　　　　「電車遅れた」

　　　　⇒ _____　　⇒ _____

② ら抜き言葉・さ入れ言葉に注意する。

　　例：着れない⇒着られない　　休まさせてください⇒休ませてください
　　　　＊不可能なことを表す時は「〜することができない」（例：着ることができない）と書くのもわかりやすいです。

　　問題：食べれる　　⇒ _____　　　　見れる　　　⇒ _____

　　　　　来れる　　　⇒ _____　　　　覚えれない　⇒ _____

　　　　　書かさせる　⇒ _____　　　　読まさせていただく⇒ _____

③ 「〜だし」「〜いし」は使わない。

　　例：東京駅は、人が多いし、複雑だし、祖母は迷うだろう。
　　　　⇒東京駅は、人が多く、複雑で、祖母は迷うだろう。

　　問題：山中先生の出す数学の問題は、複雑だし、難しいし、評判が悪い。

　　　　⇒ _____

④ 文の頭に「なので」は不要

　　例：なので私は野球部に入ることを決めた。
　　　　⇒私は野球部に入ることに決めた。

　　問題：明日は暑くなるそうだ。なので海は海水浴客でにぎわうだろう。

　　　　⇒ _____

⑤ 理由説明を前にする時は、「から」より、「ので」や「ため（ために）」を使うほうが
　 印象が軽くならない。

　　　例：世界遺産に登録されたから、観光客が急増した。
　　　　　⇒世界遺産に登録されたので（ため）、観光客が急増した。

　　　問題：少子高齢化が進んだから、年金問題が深刻化している。
　　　　　⇓

⑥ 「すごい」は、「とても〜だ」と表現する。

　　　例：ラベンダーの花が一面に咲いていて、すごかった。
　　　　　⇒ラベンダーの花が一面に咲いていて、とても美しかった。

　　　問題：野球部の一年生がすごくて、来年期待できそうです。
　　　　　⇓

⑦ くだけた表現→ととのった表現の例

こっち→こちら	なんでか→なぜか、なぜだか
そっち→そちら	〜するんです→〜します
あっち→あちら	〜なかったです→〜（あり）ませんでした
どっち→どちら	〜ないんです→〜（あり）ません
すごく→たいへん	〜しちゃった→〜してしまった
超〜→たいへん・とても〜	〜とか→〜など
やばい→たいへん	〜だし→〜であり、〜で
いっぱい→たくさん・とても	〜みたいな→〜のような
いろんな→いろいろな、さまざまな	〜なんか→〜など
ちゃんと→きちんと	〜してる→〜している
だけど→しかし	〜なんで→〜なので
じゃあ→では	〜けど→〜けれど
やっぱり→やはり	〜したら→〜すると
正直〜→実際のところ〜	わかんない→わからない
なんか〜→なぜか、なんとなく	やってみる→試す
〜じゃない→〜ではない	みんな→みな、全員
〜てゆうか→〜と言うよりも	タダ→無料
〜って→〜だと（思う）、〜という（感じ）	〜と違くて→〜と異なり、〜と違って
ほぼほぼ→ほぼ	〜らへん→〜の辺り

I 「くだけた表現」を、「ととのった表現」に直しましょう。

① 私は怖がりじゃないんだけど、この幽霊の話はすごかった。

_____

② Tシャツなら、こっちの赤のほうにすれば、全然かっこいいのに。

_____

③ この本、タダなんだって。

_____

④ やっぱり、そんな話、誰も聞いてなかったです。

_____

⑤ なんでかわかんないけど、答えはAだと思うんです。

_____

⑥ タイルの床にしたら、掃除しやすいし、衛生的だし、すごくいいんじゃないかな。

_____

⑦ じゃあ、どっちの方法がいいの。

_____

⑧ だけど、彼はあっちのほうに行っちゃった。

_____

⑨ なので、私は人が勉強してる時、声かけないようにしてます。

_____

⑩ さっきの話し方だと、小さい子にわかんないかも。

_____

Ⅱ　「くだけた表現」で書かれた文章を、「ととのった表現」の文章に直しましょう。

①

　私は花とか好きです。チューリップなんかすごいかわいいって思ってます。前は園芸とか農作業とかみたいなことはあんまり好きじゃなかったんです。だけど、やってみたらそんなに難しくなかったから、やっぱり何でもトライしてみなきゃわかんないんだなって思いました。

_____

_____

_____

_____

②

　日本には、制服が決まってる高校とか、服が自由な高校とか、いろいろあるんです。だけど、私はどっちかというと制服がいいんじゃないかなって思います。

　確かに私服は自由だし、学校帰りにどっかに寄る時に、着替えなくていいんで便利です。暑い日とか寒い日とかに、調整しやすいってゆういいとこもあるんです。

　でも、制服だと、貧乏な家の子も、平等に同じ服を着れるし、朝、服を選ばなくっていいんでラクだし、見た感じもちゃんとしてて高校生っぽいです。

　こうゆうふうに考えたら、やっぱり私は制服に賛成です。私の高校では学園祭の前日の準備の日だけ私服でいいって言われてました。学園祭当日に着る制服が、作業でぐちゃぐちゃになっちゃうからです。私服を着るの、珍しいんで楽しかったけど、何着てこうか一ヶ月以上前から悩んじゃいました。

_____

_____

_____

_____

_____

_____

_____

_____

ことばのドリル Part 4 箇条書きから文章へ

I　次の箇条書きの文をつなげて、「です、ます体」で文章を作成しましょう。

①タイトル：光合成
・英語で photosynthesis。
・葉緑素などの光合成色素を持つ生物の生化学反応。
・主に植物や植物プランクトン、藻類などが行う。
・光エネルギーを使って水と空気中の二酸化炭素から炭水化物（糖）を合成。
・水を分解する過程で生じた酸素を大気中に供給。
・アメリカの植物学者チャールズ・バーネスが光合成の名称を初めて用いた（1893年）。
・日本では、かつて炭酸同化作用と言ったが、現在はあまり使われない。

_____

_____

_____

_____

_____

_____

②タイトル：「YOSAKOIソーラン祭り」
・高知県の「よさこい祭り」と北海道の「ソーラン節」を結合させたパレード形式の祭り。
・高知県では1954年から「よさこい祭り」が開催されている。
・1992年、当時北海道大学学生だった長谷川岳氏が学生仲間と「YOSAKOIソーラン祭り」を開催したのが始まり。
・毎年６月上旬に北海道札幌市で行われる。
・北海道内のみならず日本全国、あるいは海外からも、例年200万人もの観客が訪れる。
・「さっぽろ雪まつり」と並ぶ札幌の大規模イベント。

_____

_____

_____

_____

ことばのドリル　Part 5　文章から箇条書きへ

要約とは、文章の要点を押さえて、短くわかりやすくまとめることです。

Ⅰ　次の文章を、箇条書きで要約しましょう。

　バスケットボールは、1891年にアメリカで考案された屋内の球技です。1936年のベルリンオリンピックから男子の正式種目、1976年モントリオールオリンピックから女子の正式種目になりました。1チーム5名がコートで、相手チームの5人を相手に、得点を競います。各チームの自陣に、約3メートルの高さのゴール（バスケット）があり、1つのボールを手で扱い、相手チームのゴールにより多く入れることを競うと同時に、自分のチームのゴールには相手に入れさせないように守ります。ルールは複雑で、3秒以上ボールを持ってはいけない、ボールを持って3歩以上歩いてはいけない、など多くの規定があり、ファウル5回で退場になります。日本でも多くの小中高等学校の体育の授業でバスケットボールが採用されています。1990年代以降、人気漫画の影響もあって、バスケットボールの人気は急上昇しました。

- _____

- _____

- _____

- _____

- _____

- _____

Ⅱ　別紙に、次の文章を箇条書きにしてから、要約しましょう。

　「レポートに〝コピペ〟が見つかった場合には、再提出してもらいます。また、大きく減点します」という警告を聞いたことのある人は少なくないだろう。当たり前のことだが、〝コピペ〟つまり、他人が発表したものを、ウェブサイトなどから「コピー」して自分が書いたものであるかのように自分のレポートに「貼りつける」ことは、してはいけない行為である。資料を参考に文章を書く時には、資料に書かれていることと、それについて自分自身が考えたこととをしっかり区別しなくてはならない。資料の中に書かれた文章や表を引用する方法は、大きく分けて2通りある。1つは、引用する文章が短い場合はかぎかっこ等で区別し、長い場合は前後の1行をあけるなど、引用であることがわかるようにして、一字一句変えずに紹介する方法（「直接引用」）で、もう1つは、資料の内容を要約して紹介する方法（「間接引用」）である。どちらの場合も、誰が書いて、いつどこから出された何という資料なのかをはっきりわかるように書く必要がある。

ことばのドリル　Part 6　原稿用紙の使い方

原稿用紙は、手書きの文字の字数や段落が一目でわかる大変便利な用紙ですが、最近はあまり使われなくなりました。しかし、文章の記述の大切なマナーを理解し、身につけるために、本書では、原稿用紙を使うことから始めます。

■ポイント

原稿用紙の使い方

文字は、くずし字、つづけ字、略字（向など）は書かず、字画をしっかり書くことを意識しましょう。

縦書き原稿用紙	横書き原稿用紙
感想文、文学的文章など。	調査報告、データや連絡事項の整理など。
・数字は漢数字が基本 　算用数字を使うのは、固有名詞（『1Q84』、「B29」など）の場合。 ・欧文は、横倒しにして1マスに2文字ずつ入れる。 ・略称、頭文字などは1文字1マス使う。 ・『100万回生きたねこ』など固有名詞の中に3桁数字がある場合は1マスに3桁入れてもよい。	・数字は算用数字が基本 　漢数字を使うのは、固有名詞（「四日市」「三田」）や慣用句や熟語（「二番煎じ」「三日月」など）の場合。 ・欧文や2桁以上の数字は2文字を1マスに入れる。 ・略称、頭文字などは1文字1マス使う。 ・理系の文章の場合、「,」「.」を使用することが多い。

- 最初の一行目はあける。
- タイトルは二行目の最初の3マスをあけて書く。
- サブタイトルがあれば、タイトルの下または次行にダッシュ「──」を2マス分つけて書く。
- 氏名は右ぞろえ（縦書きは下ぞろえ）にして、姓と名の間を1マスあけ、氏名の後は1マスあける。
- 書き出しは氏名から1行あけ、最初の1マスをあけて書く。
- 段落が変わるごとに改行し、最初の1マスをあけて書く。
- 促音「っ」、拗音「ゃ」「ゅ」「ょ」は1マスとる。
- 句点（。）、読点（、）、中点（・）、かぎかっこ（「」）、（」）、（『）、（』）は一字分とする。ただし、読点（。）ととじかっこ（」）が続く時は同じマスに入れる。（。」）
- 疑問符（？）、感嘆符（！）は一字分とし、さらにもう1マスあける。
- 繰り返し記号は「々」以外は用いないほうがよい。
- 書名や誌名は『』でくくる。また「」の中にさらに「」をつける場合も『』を用いる。
- ダッシュ「──」は注釈・補足説明や文章に間をもたせる際に使う。
- リーダー「……」は文末の余韻や、無言の会話を示すものでレポートなどには使用しない。省略は（略）を用いる。

禁則処理：句読点やとじかっこが行頭に来ないように、前の行の最後のマスに文字と一緒に書き入れるか、マスの欄外に書く。促音や拗音の小文字「っ」「ゃ」「ゅ」「ょ」や長音「ー」なども同様。

- 色々なやり方がありますが、文字数を見る課題の場合はこのような最低限の処理をします。

次の文章を縦書き原稿用紙と横書き原稿用紙に書き写しましょう。

（「／」スラッシュのところで段落をつけること）

私の大切なもの——MTB　　中山祐一
私の宝物は、MTBです。先月、貯金すべてと春休みのアルバイト料とを合わせて購入しました。／「MTB」とは、「マウンテンバイク」の略称で、荒野や急な坂、段差のある地形でも安定した高速走行が可能な自転車のことです。／私が購入したのは、「Melody500a」という最新型の車種で、定価は20万円近くしますが、交渉して15万5千円で買えました。

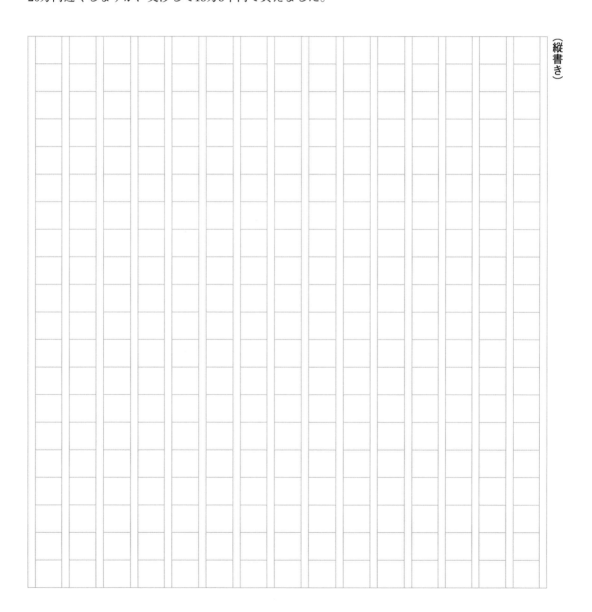

（縦書き）

ことばのドリル　Part 7　誤用の多い漢字や表現

インターネット上の文章には、発音に引きずられた誤表記、入力の際の漢字の誤変換など、漢字やことばの誤用が多く見られます。誤用が多いことをよく理解して、誤用に気づき、自分で使うときには正しい表記ができるようになるための練習をしましょう。

Ⅰ　（　　）の中の正しいほうに〇をつけましょう。

① この表は（見ずらい／見づらい）。

② 思い（どおり／どうり）にする。

③ 布団を（しく／ひく）。

④ （すいません／すみません）でした。

⑤ 人の（ゆう／いう）ことを聞く。

⑥ 手持ち（ぶたさ／ぶさた）。

⑦ Aとは（違くて／違って）大きい。

⑧ 転ばないよう気（を／お）つける。

⑨ ここはいい（ふいんき／ふんいき）だ。

⑩ （シミュレーション／シュミレーション）をする。

⑪ （それでは／それでわ）、行きましょう。

⑫ おいしくて（舌づつみ／舌つづみ）を打つ。

Ⅱ　次の文章には、間違っている表記が６カ所ずつあります。修正しましょう。

例　抱擁力のある彼に関心した。

（例の上に「包容」「感心」と修正が書かれている）

① 野球の選手登録を末梢されないよう、右に片向いてしまう特長があったフォームを治したところ、ヒットを打つ確立も上がり、改心の一打が出た。

② 家の鍵を閉めて、父を向かえに行ったところ、公園の当たりで父は猫に馴つかれていた。猫は汚れていて変な匂いがしたが、やむ終えず飼うことになった。

③ 親戚が一同に会するので、料理の腕を奮ったが、絶体に来てほしかった叔母は、仕事の閉め切りが近くて急がしいという理由で来るのを辞めてしまった。

④ 野球意外に取り得がなかった兄が、根を上げることなく修行したところ、適正もあったようで、腕効きの大工になった。

⑤ 今日は雪が振っている。気温もマイナス20度代で、道も氷っていて、橋が掛かっている所は特に危険なので、引き換えして日を新ためて出かけることにした。

Ⅲ　次のAの①〜⑭の傍線部に対応する漢字をBから選び、線で結びましょう。

A	B	A	B
① 布を<u>たつ</u>・	・立つ	⑧ 空気を入れ<u>かえる</u>・	・換（替）える
東京を<u>たつ</u>・	・経つ	正気に<u>かえる</u>・	・帰る
酒を<u>たつ</u>・	・発つ	急に予定を<u>かえる</u>・	・返る
日数が<u>たつ</u>・	・裁つ	家に<u>かえる</u>・	・変える
ステージに<u>たつ</u>・	・断つ	卵が<u>かえる</u>・	・孵る
家が<u>たつ</u>・	・建つ		
消息を<u>たつ</u>・	・絶つ		
② 会議に<u>はかる</u>・	・測る	⑨ 病の床に<u>つく</u>・	・突く
気温を<u>はかる</u>・	・謀る	杖を<u>つく</u>・	・憑く
タイミングを<u>はかる</u>・	・図る	霊がとり<u>つく</u>・	・着く
合理化を<u>はかる</u>・	・諮る	火が<u>つく</u>・	・点く
暗殺を<u>はかる</u>・	・計る	家に<u>つく</u>・	・就く
③ 家に人を<u>とめる</u>・	・留める	⑩ 中国語を<u>おさめる</u>・	・収める
エアコンを<u>とめる</u>・	・停める	国を<u>おさめる</u>・	・納める
港に船を<u>とめる</u>・	・止める	税金を<u>おさめる</u>・	・修める
ボタンを<u>とめる</u>・	・泊める	成功を<u>おさめる</u>・	・治める
④ 家に<u>おこし</u>ください・	・起こし	⑪ 絵を<u>かく</u>・	・欠く
８時に<u>おこし</u>た・	・お越し	文字を<u>かく</u>・	・書く
産業を<u>おこし</u>た・	・興し	主要メンバーを<u>かく</u>・	・描く
⑤ 問題を<u>とく</u>・	・解く	⑫ <u>とく</u>の高い僧侶・	・特
人に道徳を<u>とく</u>・	・溶く	お<u>とく</u>な商品・	・得
絵具を水に<u>とく</u>・	・説く	<u>とく</u>に問題はない・	・徳
⑥ 理に<u>かなう</u>・	・敵う	⑬ 傘を<u>さす</u>・	・刺す
願いが<u>かなう</u>・	・適う	将棋を<u>さす</u>・	・指す
<u>かなう</u>者はいない・	・叶う	花瓶に花を<u>さす</u>・	・差す
		ナイフで<u>さす</u>・	・挿す
⑦ 果物が<u>いたむ</u>・	・痛む	⑭ 身元を<u>ほしょう</u>する・	・保障
彼の死を<u>いたむ</u>・	・傷む	損失を<u>ほしょう</u>する・	・補償
傷口が<u>いたむ</u>・	・悼む	権利を<u>ほしょう</u>する・	・保証

ことばのドリル Part 8　主観表現・客観表現を区別する

I　次の短文について「主観」「客観」表現の区別をしましょう。（　）から選んで○をつけましょう。

「主観」表現は、自分がどう思うか、感じるか、考えるか、などを表します。
「客観」表現は、情報やデータ、事物の描写、事実などを表します。
「主観」と「客観」がしっかり分けられていないだらだらと書かれた文章は大変読みにくく、レポートなどにふさわしくありません。しっかり書き分けられるようになりましょう。

① 私は桜の花が大好きです。　（　主　・　客　）

② 桜は４月の上旬に満開になります。　（　主　・　客　）

③ 桜は日本ではとても人気がある花です。　（　主　・　客　）

④ 「なんと美しいのだろう」と彼は言いました。　（　主　・　客　）

⑤ 私は富士山に登ったことがあります。　（　主　・　客　）

⑥ 桜はアメリカでも咲きます。　（　主　・　客　）

⑦ カナダでも桜は咲くかもしれません。　（　主　・　客　）

⑧ 彼は数学が苦手だったそうです。　（　主　・　客　）

⑨ 彼女は英語検定の１級に合格しました。　（　主　・　客　）

⑩ 日本では明治時代以降の文学を近代文学と言います。　（　主　・　客　）

⑪ 日本では大安の日に結婚式をあげるのが好まれています。　（　主　・　客　）

⑫ 電車が来るまでの時間が大変長く感じられました。　（　主　・　客　）

第1部 文章表現

第1課　紹介文1

──私の好きなもの（こと）──

好きなものについて述べてもらうと、その人の性格や経験がよくわかります。
自己紹介がわりに、まず、この文章を書きましょう。

▍この課で学ぶこと

① 紹介文を書く

物事を紹介する文章です。「どのような物事か」「どのように感じられるか」を伝えます。

② 文体「です・ます体」（敬体）をきちんと使う

通常、論文・レポートは「だ・である体」（常体）で書きますが、文体の違いをしっかり理解するために、最初に「です・ます体」で書いてみましょう。

③ 四段構成で文章を書く

序論・本論・結論の三段構成が基本ですが、本論を2つにわけます。
第一段落：序論。何について書くかを明確に示す。
第二段落：本論。説明。「どのような物事か」をわかりやすく客観的に書く。
第三段落：本論。自分との関係を説明。「どのように感じられるか」をエピソード、主観を交えて
　　　　　書く。
第四段落：結論。

▍ポイント

客観表現・主観表現の書き分け（「ことばのドリル」p.24参照）

客観とは、感情を入れずにその物事を説明したものです。
例：この自転車は26インチの赤い「ママチャリ」です。
主観とは、自分の感じ方です。
例：私はこの自転車を大切にしています。

明暗をつける

絵画でも、影をつけると効果的であるように、文章でも、明暗は大切です。明（よい点やエピソード）だけでなく、暗（少し困った点やエピソード）なども盛り込みましょう。説得力のある立体的な文章になります。

最後は未来や他者に向かって開く

文章の最後は、「～だから大好きです。」と自分だけで完結するのではなく、「これからも～」、「もっと多くの人に～」など、未来や他者を意識して締めくくりましょう。広がりのある文章になります。ただし読み手への効果を考えて、表現を工夫しましょう。

文章例

		物事の名称		

私の好きなもの——自転車

天野　真樹

序論

　私の好きなものは自転車です。大学の入学祝に両親から贈られた新しい自転車で、大学やアルバイト先に通っています。

本論 — 客観的に説明

　この自転車は26インチの赤い3段変速の普通の「ママチャリ」です。自転車は、車と異なり排気ガスも出さず、環境にやさしい乗り物です。電車のように時間を気にすることもなく、車が入れない所にも乗って行けます。

> 「　」をつけることでくだけた言葉をあえて使っているのだとわかります。

本論 — 自分がどのように感じるか（主観的に）／明暗をつける

【明】
　私は毎朝、片道20分以上かけて大学に通っています。部活動の荷物が多いので、荷台にカゴをつけました。自転車は気持ちがよく、

【暗】
楽しくて、運動にもなります。雨や雪の日などには、電車で40分以上かけて荷物を持って通学しなくてはならず、自転車のありがたみを痛感します。

結論 — 未来や他者に開く

　大好きな自転車ですが、今のところ大学やアルバイト先への往復に使うばかりなので、夏休みには友人たちと少し遠くの景色のいい所へサイクリングに行きたいと思っています。

> 禁則処理

> ここでは主観的な表現を使用している

設計図例：前のページの文章はこの設計図をもとに書かれています。

××年４月20日		氏名（番号）：天野真樹（02）
タイトル	私の好きなもの――自転車	
第一段落	好きなもの（こと） ●自転車 いつから好きになったか ●大学の入学祝いに両親から贈られた。 簡単な紹介 ●毎日、通学に使っている。	
第二段落	どのようなものか（客観的にまとめる）　形状・デザイン・性能・特徴・ルール・個性など ●赤い３段変速の26インチ ●普通の「ママチャリ」 どのようにいいものか（客観的にまとめる） ●環境にやさしい。 ●車が入れない所にも行ける。	
第三段落	いい思い出 ●毎朝乗っている。 ●部活の道具を入れるカゴをつけた。 ●気持ちがいい、楽しい、運動になる。 困った思い出 ●天気の悪い日には乗れない。 ●電車で40分かけて荷物を持って通学。	
第四段落	今感じていること、今後の希望または読み手への呼びかけ ●まだ、通学やアルバイト先への往復にしか使っていない。 ●夏休みには遠くまでサイクリングしたい。	

▌文章設計図：この設計図に記入してから、文章を書きましょう。

	年　　月　　日　　　　　　氏名（番号）：
タイトル	
第一段落	好きなもの（こと） いつから好きになったか 簡単な紹介
第二段落	どのようなものか（客観的にまとめる）　形状・デザイン・性能・特徴・ルール・個性など どのようにいいものか（客観的にまとめる）
第三段落	いい思い出 困った思い出
第四段落	今感じていること、今後の希望または読み手への呼びかけ

書いてみましょう。

┃セルフチェック

採点基準（100点満点）	ポイント	チェック欄
技能点40点		
① です・ます体	「だ・である体」が混ざっていないか。「くだけた表現」を使っていないか。「ことばのドリル」p.12〜17参照。	
② 四段構成・字数	段落が4つになっているか。380〜420字。	
③ 文字（字形・漢字）	辞書を使って、しっかり漢字を使えているか。文字は字画をはっきり書いているか。	
④ 原稿用紙のルール	「ことばのドリル」p.20参照。	
内容点60点		
① 第一段落	好きなものは何か、いつから好きになったか、簡単な紹介をしているか。	
② 第二段落	客観的に説明できているか。「ことばのドリル」p.24参照。ここには「思う」「好き」「うれしい」など主観表現は書かない。	
③ 第三段落	思い出や関わり方など、自分自身のことを書けているか。	
④ 第三段落	いいところだけでなく、苦労したところ、問題点などを書き、明暗をつけているか。	
⑤ 第四段落	文章の最後は、未来や他者に開いているか。	
⑥ 独創性・魅力	自分の個性や、自分がそれをどれほど好きかが伝わるように書けているか。	
	自己採点	╱100点

┃応用問題

次のようなテーマでも文章を書いてみましょう。
① 自己紹介
② 私のおすすめの本

第2課　紹介文2

——私の故郷——

第1課の応用で、今度は少し社会的なことについて書きましょう。

▌この課で学ぶこと

① 紹介文を書く

　　第1課は「個人的な物事」について書きましたが、今回は、「地域」を紹介する文章です。

　　その「地域」をよく知らない人に、その「地域」出身の自分が、わかりやすく説明し、「地域」の特徴や魅力を伝えます。

　　その「地域」出身の執筆者ならではの体験や感想も書くことで、ガイドブックなどとは一味違う「地域」紹介になります。

② 文体「です・ます体」（敬体）をきちんと使う

　　通常、論文・レポートなど、大学で書く文章は、「だ・である体」（常体）で書きます。手紙やプレゼンテーション（口頭発表）の際には、「です・ます体」（敬体）を用います。第1課と第2課で書いたものは、そのまま口頭発表のスクリプト（台本）にもできます。

③ 四段構成で文章を書く

序論・本論・結論の三段構成のうちの本論を2つにわけます。

第一段落：序論。紹介する地域の名称など。自分とその地域との関係。

第二段落：本論。地域の情報を客観的に説明します。位置、広さ、人口、気候、文化、特産品など。

第三段落：本論。自分が感じる地域の特徴を説明します。エピソード、主観を交えて書きましょう。すばらしい点ばかりでなく、困った点なども盛り込み、明暗をつけます。

第四段落：結論。第一段落で書いた、自分とその地域との関係に関連させてまとめ、読み手を意識して、未来や他者に向けた終わり方を工夫しましょう。

文章例

地域の名称

私の故郷――北海道札幌市

天野　真樹

序論

　私の故郷は北海道の札幌市です。今年4月に東京の大学に入学するまで住んでいました。全国で5番目に人口が多い、日本最北の政令指定都市です。

本論

地域の情報を説明（客観的に）

　札幌市は明治時代に開拓されました。碁盤の目状に広い道路が整備され、街の中央に東西にのびる大通公園があります。ここで催される「雪まつり」には、日本全国や海外から毎年約200万人もの観光客が訪れます。海にも近く、自然が豊かな美しい都市です。

自分が感じる地域の特徴（主観的に）明暗をつける

　札幌では、10月に雪が降り始め、4月まで残っているので、5月に梅、桃、桜、チューリップ、木蓮、アカシヤなどの花が一斉に咲き始めます。とても美しいのですが、日本の古典を学ぶ時には、季語や季節感がわからず苦労します。冬の季語「枯れ野」も2月の立春も、実感がわきませんが、それも含めて、この地の個性だと今では思っています。

ここでは主観的な表現を使用している

結論

　帰省するたびに、新たな魅力に気づかされます。街の様子もどんどん変化していて、これからの発展が楽しみです。

設計図例：前のページの文章はこの設計図をもとに書かれています。

××年5月15日	氏名（番号）：天野真樹（02）
タイトル	私の故郷——北海道札幌市
第一段落	故郷の名称と所在 ●北海道札幌市 自分がどのくらい住んでいた（いる）か ●生まれてから、大学入学のために上京するまで。 簡単な紹介 ●北海道の中心。日本最北の政令指定都市。 ●全国で5番目に人口が多い都市。
第二段落	どのような所か（客観的情報をまとめる） 気候・風土・文化・歴史・観光・人々の性質・方言・交通・産業など ●明治時代に開拓された。碁盤の目状に広い道路が整備されている。 ●雪まつり（国内外からおよそ200万人もの観光客）。 ●海にも近く、自然が豊か。
第三段落	エピソード1（いい面） ●5月に春の花が一斉に咲き始める。 エピソード2（困った面） ●日本の古典を学ぶ時に、季語や季節感がわからなくて苦労した。
第四段落	今感じていること、今後の希望または読み手への呼びかけ ●帰省するたびに新たな魅力を発見。 ●街がどんどん変化。これからの発展が楽しみ。

▌文章設計図：この設計図に記入してから、文章を書きましょう。

	年　　月　　日　　　　　　　　氏名（番号）：
タイトル	
第一段落	故郷の名称と所在 自分がどのくらい住んでいた（いる）か 簡単な紹介
第二段落	どのような所か（客観的情報をまとめる） 気候・風土・文化・歴史・観光・人々の性質・方言・交通・産業など
第三段落	エピソード1（いい面） エピソード2（困った面）
第四段落	今感じていること、今後の希望または読み手への呼びかけ

書いてみましょう。

┃セルフチェック

採点基準（100点満点）		ポイント	チェック欄
技能点40点			
①	です・ます体	「だ・である体」が混ざっていないか。「くだけた表現」を使っていないか。p.12〜17参照。	
②	四段構成・字数	段落が4つになっているか。380〜420字。	
③	文字（字形・漢字）	辞書を使って、しっかり漢字を使えているか。文字は字画を意識して書けているか。	
④	原稿用紙のルール	「ことばのドリル」p.20参照。	
内容点60点			
①	第一段落	自分の故郷について簡単な紹介をしているか。	
②	第二段落	どんな場所か客観的に説明できているか。 ここには「思う」「好き」「うれしい」など主観表現は書かない。	
③	第三段落	思い出や関わり方など、自分自身のことを書けているか。	
④	第三段落	いいところだけでなく、問題点などを書き、明暗をつけているか。	
⑤	第四段落	文章の最後は、未来や他者に開いているか。	
⑥	独創性・魅力	自分の個性や、自分の感じ方、故郷への思いが伝わるように書けているか。	
	自己採点		／100点

応用問題

次のようなテーマでも文章を書いてみましょう。
① 人物紹介
② 大学・サークル紹介

賛成・反対の意見文1

——「身近な問題」をテーマに——

賛否が分かれる事柄について、自分の立場（賛成か反対か）を明らかにして、自分とは違う意見の根拠にも理解を示し、自分の考えを展開します。

▌この課で学ぶこと

① 賛成・反対の意見文を書く

賛否両論がある物事について、自分の立場を明らかにして、意見を述べます。

② 文体「だ・である体」（常体）をきちんと使う

論文・レポートに用いる「だ・である」体で書きます。前回までの「です・ます」体（敬体）が混在しないように、注意しましょう。

③ 「Yes, But」の論理展開をする

第二段落は、「たしかに～」で始めて、自分と反対の立場の人が、意見の根拠としていることをしっかり押さえ、理解を示します。

第三段落は、「しかし～」で始めて、自分の意見の根拠を取り上げます。客観的な根拠を書き、「好きではない」「嫌だ」などの主観は入れないようにしましょう。

④ 五段構成で文章を書く

序論・本論・結論の三段構成のうちの本論部分を三つに分けます。

第一段落：序論。議論の対象を明確に取り上げ、自分の立場を明らかにします。

第二段落：本論。「たしかに～」で始め、自分との反対意見の根拠への理解を示します。

第三段落：本論。「しかし～」で始め、自分の意見の根拠を示します。

第四段落：本論。「これらを考え合わせると～」や「これらのことから」で始め、第二段落・第三段落を対比させて自分の意見を展開します。自分の意見に説得力をもたらすような、情報やエピソード（体験・見聞きしたこと・資料の引用など）を付け加え、問題点への対策、提案や希望なども盛り込みます。

第五段落：第一段落で明らかにした自分の立場をもう一度明示します。未来や他者に向けた終わり方を工夫しましょう。

▌ポイント

この「たしかに～」、「しかし～」は「Yes, But」方式とも呼ばれる「対話」の基本です。例えば、自分の好きな音楽や小説の話をした時に、相手がいきなり批判してきたら不快な思いがするでしょう。「たしかに、○○ですね。しかし～…。」と、一度、反対側の意見を受け止めて述べることはレポート、論文、討議などにおいて重要で、自分の意見に説得力を持たせます。

文章例

　　　高校の制服について

　　　　　　　　　　　　　森山　明人

序論
立場を明確に

　高校の制服について、私はどちらかというと反対である。服装も個性の自己表現の1つだと思うので、私は私服の高校を選んだ。

Yes
自分の反対の立場への理解

　たしかに、制服は全員揃っているので整って見える。私服より費用がかからず、冠婚葬祭などの正式な場にも着て行くことができる。

But
自分の立場の根拠

　しかし、高校時代は自分の個性を見つける時期で、着て行く服装を考えることは自己表現の練習になる。制服があると「服装違反」という概念も生まれるが、私服であれば違反にはならない。また、私服の場合は、Tシャツやフリースなど、着心地がよく温度調節がしやすい服を着ることもできる。

総合的判断

　これらのことから、やはり私は制服にはどちらかというと反対だ。全員に同じ服を強制するのをいいことだとは思わない。また、制服を着ない自由と同様、着る自由もあってよいと考える。

結論

　これから高校選びをする人たちは、私服か制服かも、学校選びの参考にするといいだろう。

本論

┃設計図例：前のページの文章はこの設計図をもとに書かれています。

××年6月30日		氏名（番号）：森山明人（18）
タイトル	高校の制服について	
第一段落	自分の立場（賛成・反対・どちらかというと賛成・どちらかというと反対） ●どちらかというと反対。 簡単に自分の主張を紹介 ●服装も個性の自己表現の1つだ。	
第二段落	「たしかに〜」（自分と反対の意見に客観的に理解を示す） ●制服は全員揃っているので整って見える。 ●私服より費用がかからない。 ●正式な場にも着て行ける。	
第三段落	「しかし〜」（自分の意見の根拠を客観的に主張） ●高校時代は自分の個性を見つける時期。 ●制服があるから「服装違反」という概念も生まれる。 ●Tシャツやフリースなどのほうが、着心地がよく温度調節がしやすい。	
第四段落	「これらのことから、やはり私は〜」（自分の立場を示す） 制服にはどちらかというと反対。 自分の経験 ●全員に同じ服を強制するのはよくない。 ●制服を着ない自由も着る自由もあってよい。	
第五段落	問題への対策、提案など。未来や他者に向かって開く ●学校選びの参考にするといい。	

┃文章設計図：この設計図に記入してから、文章を書きましょう。

	年　　月　　日　　　　　氏名（番号）：
タイトル	
第一段落	自分の立場（賛成・反対・どちらかというと賛成・どちらかというと反対） 簡単に自分の主張を紹介
第二段落	「たしかに〜」（自分と反対の意見に客観的に理解を示す）
第三段落	「しかし〜」（自分の意見の根拠を客観的に主張）
第四段落	「これらのことから、やはり私は〜」（自分の立場を示す） 自分の経験
第五段落	問題への対策、提案など。未来や他者に向かって開く

書いてみましょう。

■ セルフチェック

採点基準（100点満点）		ポイント	チェック欄
技能点40点			
①	だ・である体	「だ・である体」に統一されているか。「くだけた表現」を使っていないか。p.12～17参照。	
②	五段構成・字数	段落が5つになっているか。480～500字。	
③	文字（字形・漢字）	辞書を使って、しっかり漢字を使えているか。文字は字画を意識して書けているか。	
④	原稿用紙のルール	「ことばのドリル」p.20参照。	
内容点60点			
①	第一段落	賛成・反対・どちらかというと賛成・どちらかというと反対の立場を明確にしているか。	
②	第二段落	「たしかに～」ではじめ、自分の反対の立場の意見に理解を示しているか。	
③	第三段落	「しかし～」ではじめ、自分の立場とその根拠を述べているか。	
④	第四段落	「これらのことから～」ではじめ、第二～三段落を考え合わせて自分の意見を主張しているか。自分の経験を交えているか。	
⑤	第五段落	問題点への対策、提案が打ち出されているか。未来や他者に向かって開く終わり方ができているか。	
⑥	独創性・魅力	説得力があるか。独自の意見が出されているか。	
	自己採点		╱100点

▌応用問題

次のようなテーマでも文章を書いてみましょう。
① 高校生のアルバイトに賛成か反対か
② 高齢者の自動車運転免許証返納の義務化に賛成か反対か

第4課　賛成・反対の意見文2

──「社会的な問題」をテーマに──

第3課を応用して、賛成か反対か自分の立場を明確に示す意見文を書きましょう。
新聞記事や資料についてグループで話し合い、自分とは違う意見の根拠にも理解を示し、自分の考えを展開します。

この課で学ぶこと

① 「だ・である体」（常体）をきちんと使う

　　自信がないが使ってみたい表現などは失敗を恐れずに使い、添削者のアドバイスを受けるといいでしょう。

② 「Yes，But」の論理展開をする

　　第3課の応用です。「たしかに〜」、「しかし〜」、「これらのことから〜」と、対立する意見もふまえて書きましょう。「嫌だ」「うれしい」など自分の主観は入れず、問題点を整理しましょう。

③ 自分と反対意見の人たちが根拠とする問題点への対策や提案を考える

　　反対意見を述べる人は、賛成意見の人が根拠とする問題点への対策、提案をしましょう。
　　例：賛成の人の意見が「私服はお金がかかる」という場合⇒お金をかけない方法をあげる。

　　賛成意見を述べる人は、反対意見の人が根拠とする問題点への対策、提案をしましょう。
　　例：反対の人の意見が「制服ではおしゃれが楽しめない」という場合⇒学校以外の場で楽しめばよいと提案する。

④ 資料を調べる

　　自分や、自分と反対の意見の根拠がわかると、よりよい考察ができます。図書館やインターネットを通じて情報を調べ、いろいろな人の意見を知るといいでしょう。

テーマに

資料
家族の法制に関する世論調査

◉現在は、夫婦は必ず同じ名字（姓）を名乗らなければならないことになっているが、「現行制度と同じように夫婦が同じ名字（姓）を名乗ることのほか、夫婦が希望する場合には、同じ名字（姓）ではなく、それぞれの婚姻前の名字（姓）を名乗ることができるように法律を改めた方がよい。」という意見について
「婚姻をする以上、夫婦は必ず同じ名字（姓）を名乗るべきであり、現在の法律を改める必要はない」29.3％
「夫婦が婚姻前の名字（姓）を名乗ることを希望している場合には、夫婦がそれぞれ婚姻前の名字（姓）を名乗ることができるように法律を改めてもかまわない」　42.5％
「夫婦が婚姻前の名字（姓）を名乗ることを希望していても、夫婦は必ず同じ名字（姓）を名乗るべきだが、婚姻によって名字（姓）を改めた人が婚姻前の名字（姓）を通称としてどこでも使えるように法律を改めることについては、かまわない」　24.4％

◉婚姻によって、自分の名字（姓）が相手の名字（姓）に変わったとした場合、そのことについて、どのような感じを持つと思うか
「名字（姓）が変わったことで、新たな人生が始まるような喜びを感じると思う」41.9％
「相手と一体となったような喜びを感じると思う」31.0％
「何も感じないと思う」23.0％
「名字（姓）が変わったことに違和感を持つと思う」22.7％

（複数回答、上位４項目）

◉婚姻によって名字（姓）を変えると、仕事の上で何らかの不便を生ずることがあると思うか
「何らかの不便を生ずることがあると思う」46.7％
「何らの不便も生じないと思う」50.7％

◉夫婦・親子の名字（姓）が違うと、夫婦を中心とする家族の一体感（きずな）に何か影響が出てくると思うか
「家族の名字（姓）が違うと、家族の一体感（きずな）が弱まると思う」31.5％
「家族の名字（姓）が違っても、家族の一体感（きずな）には影響がないと思う」64.3％

◉夫婦の名字（姓）が違うと、夫婦の間の子どもに何か影響が出てくると思うか
「子どもにとって好ましくない影響があると思う」62.6％
「子どもに影響はないと思う」32.4％

内閣府「家族の法制に関する世論調査」（世論調査報告書　平成29年12月調査）

賛成意見の文章例

夫婦別姓を認めるべきだ

天野　真樹

序論

　私は、夫婦別姓が日本でも法的に認められるといいと考える。結婚してほぼ女性だけが改姓するのでは、男女平等とは言えないからだ。

Yes

　たしかに、結婚して夫婦が同じ姓となるのは一体感があり、新たな人生に踏み出すきっかけとして、改姓を喜ぶ人もいる。戸籍を管理するうえでも混乱が少ないだろう。また、夫婦同姓は日本の独特の制度で、文化でもある。

本論

But

　しかし、専業主婦が多かった昔とは違い、現在は、女性の社会進出がめざましい。独身の頃の経歴や業績が、結婚して別姓になった途端、混乱または中断してしまう問題もある。内閣府の平成29年の世論調査でも、約46％の人が姓を変えると「仕事の上で何らかの不便を生ずることがあると思う」と答えている。姓が変わることで結婚や離婚といったプライベートなことも広く知られてしまう。国際的に見ても、夫婦別姓または選択制の国がほとんどである。

調べた情報を入れる

総合的判断

　これらのことから、やはり私は、別姓も法的に認められるようになり、結婚時に同姓か別姓かを選べるといいと考える。法律上は同姓のまま、旧姓を通称として使うことを認めるのではどうか、という意見もあるが、国際的な仕事をする場合には、パスポートと同じ名前でなくては認められないことが多く、やはり戸籍そのものが夫婦別姓でなくては難しいと、実際に海外で働く母の友人から聞いたことがある。

結論

　私も何年か後には、この問題に直面するだろう。今回調べてみて、初めて知ることもたくさんあった。見落としている問題点や思いもよらない影響もまだまだたくさんあるだろう。今後どのような議論に発展するのか見守り、自分でも引き続き調べ、考えてみたい。

設計図例（夫婦別姓に賛成の場合）

××年7月1日		氏名（番号）：天野真樹（02）
タイトル	夫婦別姓を認めるべきだ	
第一段落	賛成・どちらかといえば賛成・どちらかといえば反対・反対 ●どちらかといえば賛成。 その一番の問題点（反対の場合）またはいい点（賛成の場合）を簡潔に ●同姓は男女平等ではない。 ●国際社会においても同姓は少ない。	
第二段落	「たしかに〜」（自分と反対の意見に客観的に理解を示す） ●同姓は一体感がある。 ●戸籍を管理しやすい。 ●日本独特の制度で文化だ。	
第三段落	「しかし〜」（自分の意見の根拠を客観的に主張） ●改姓したほうは、働く際に、経歴・業績が混乱・中断する。 ●姓が変わることでプライベートなことが広く知られる。 ●世界のほとんどの国が夫婦別姓または選択制。	
第四段落	「これらのことから、やはり私は〜」（自分の立場を示す） ●別姓を法的に認めるべき。 知っている情報や自分の体験など ●海外で働く、母の友人の話 具体的な提案（ではどうしたらいいか） ●結婚の時に、同姓にするか別姓にするか選べるようにする。 ●旧姓を通称として認めるようにする。	
第五段落	未来や他者に向かって開く ●これからの議論を見守りたい。	

反対意見の文章例

　　　　　夫婦別姓の問題点

　　　　　　　　　　　　　　　　　森山　　明人

序論

　私は、夫婦別姓を法的に認めることには反対だ。賛成を主張する意見は、自分のしたいことを主張するばかりで、子どものことを考慮していないのではないか。

Yes

　たしかに、改姓による精神的負担は大きく、主に女性だけが改姓を強いられるのは不平等で、社会進出している女性の経歴や業績が混乱・中断してしまうというのは問題である。「差別的な制度」であると国際的にも批判されている。

But

本論

　しかし、男性が女性の家の籍に入る婿養子のような例もあり、女性だけが改姓しているわけではない。夫婦が別姓の場合、子どもはどちらかの姓になる。これはつまり、どちらかの親とは別姓になってしまうことでもある。家族が同じ姓であることで得られる安心感を、子どもから奪ってよいのだろうか。内閣府の平成29年の世論調査では別姓の導入支持が多かった一方で、「子どもに好ましくない影響がある」という意見が62％もあった。

調べた情報を入れる

　これらのことから、やはり私は、男女関係なく、結婚時に同姓の戸籍を登録し、家族は同じ姓で暮らすのがよいと考える。私は母子家庭で育ったが、小学生の時に今の父親と母の結婚によって、新しい姓に変わった時に、やっと家族になれた気がしたのを覚えている。男女関係なく、ということを浸透させることで、現在の不平等感はなくなるだろう。また、婚姻によって改姓した人の戸籍を、ミドルネームのように旧姓を記録できるものにすることで、旧姓も引き継がれるというのはどうだろうか。例えば山田太郎さんが、中村さんと結婚して中村姓になった時に、戸籍に「中村・山田・太郎」のように登録もできるとよいのではないだろうか。

結論

　今回、新聞記事やインターネットで調べてみて、もっと子どもの気持ちを聞きたいと考えた。今後も議論の行方を見守りたい。

設計図例（夫婦別姓に反対の場合）

××年7月1日		氏名（番号）：森山明人（18）
タイトル	夫婦別姓の問題点	
第一段落	賛成・どちらかといえば賛成・どちらかといえば反対・反対 ●どちらかといえば反対。 その一番の問題点（反対の場合）またはいい点（賛成の場合）を簡潔に ●自分のことだけではなく子どものことを考えるべき。	
第二段落	「たしかに〜」（自分と反対の意見に客観的に理解を示す） ●改姓による精神的負担は大きい。 ●男女不平等。改姓する方の経歴や業績の混乱・中断。 ●国際的にも「差別的な制度」だと批判されている。	
第三段落	「しかし〜」（自分の意見の根拠を客観的に主張） ●改姓するのが女性だけとは限らない。 ●子どものために家族が同じ姓であることが大切。 ●調査では子どもに影響があると考える人が多い。	
第四段落	「これらのことから、やはり私は〜」（自分の立場を示す） ●男女どちらの姓でもいいから家族同姓が望ましい。 知っている情報や自分の体験など ●自分自身の母親の再婚。 具体的な提案（ではどうしたらいいか） ●男女関係なく、という感覚を浸透させる。 ●戸籍にミドルネームのように旧姓を残してはどうか。	
第五段落	未来や他者に向かって開く ●もっと子どもの気持ちを聞きたい。 ●今後も議論の行方を見守りたい。	

▌文章設計図：この設計図に記入してから、文章を書きましょう。

	年　　月　　日　　　　　　　氏名（番号）：
タイトル	
第一段落	賛成・どちらかといえば賛成・どちらかといえば反対・反対 その一番の問題点（反対の場合）またはいい点（賛成の場合）を簡潔に
第二段落	「たしかに〜」（自分と反対の意見に客観的に理解を示す） 知っている、考えられる具体例など
第三段落	「しかし〜」（自分の意見の根拠を客観的に主張）
第四段落	「これらのことから、やはり私は〜」（自分の立場を示す） 知っている情報や自分の体験など 具体的な提案（ではどうしたらいいか）
第五段落	未来や他者に向かって開く

書いてみましょう。

┃セルフチェック

採点基準		ポイント	チェック欄
技能点40点			
①	だ・である体	「だ・である体」に統一されているか。「くだけた表現」を使っていないか。	
②	五段構成・字数	段落が５つになっているか。600〜800字。	
③	文字（字形・漢字）	辞書を使って、しっかり漢字を使えているか。文字は字画を意識して書けているか。	
④	原稿用紙のルール	「ことばのドリル」p.20参照。	
内容点60点			
①	第一段落	自分の立場（賛成か反対か）、その立場に立つ一番の根拠を簡潔に示しているか。	
②	第二段落	「たしかに〜」で書き始め、自分と反対の意見に理解を示しているか。客観的に説明できているか。	
③	第三段落	「しかし〜」で書き始め、自分の意見の根拠を述べているか。客観的に説明できているか。	
④	第四段落	「これらのことから、やはり私は」で書き始め、今まで書いてきたことを総合して、自分の考えを示しているか。 具体的提案をしているか（その際には自分と反対意見の人のあげる問題への対策も考えているか）。	
⑤	第五段落	「今後も動きを見守りたい」「いろいろ調べてみたくなった」「もっと議論が活発になるといい」など未来や他者に開いているか。	
⑥	独創性・魅力	いろいろな角度から考えているか、ユニークな発想をしているか、自分独自の経験や知識につなげられているか。	
	自己採点		／100点

┃応用問題

次のテーマについて考えてみましょう。

① カジノ建設

② 同性婚・同性パートナーシップ条例

③ 飲酒・喫煙の解禁年齢を18歳に引き下げ

他にも新聞記事などからテーマを見つけて考えてみましょう。

第4課　応用

　次の記事を参考にして、「子どもにスマートフォンを持たせてよいか／持たせるべきではないか」というテーマについて、賛成・反対の意見文を書いてみましょう。

令和2年度 青少年のインターネット利用環境実態調査（内閣府）

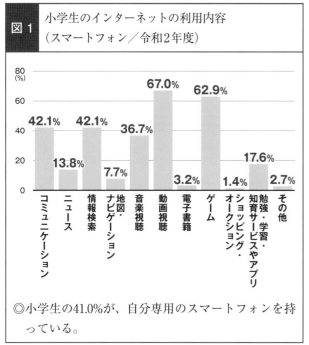

図1　小学生のインターネットの利用内容（スマートフォン／令和2年度）

◎小学生の41.0%が、自分専用のスマートフォンを持っている。

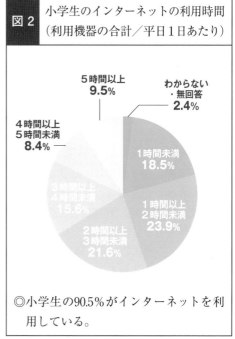

図2　小学生のインターネットの利用時間（利用機器の合計／平日1日あたり）

◎小学生の90.5%がインターネットを利用している。

◎スマートフォンを利用する小学生の保護者の95.2%がいずれかの方法で子供のネット利用を管理していると回答。「大人の目の届く範囲で使わせている」が最も多く、ついで「利用する際に時間や場所を指定している」との回答が続いている。

令和2年度 青少年のインターネット利用環境実態調査（内閣府ホームページ）
〈https://www8.cao.go.jp/youth/youth-harm/chousa/r02/net-jittai/pdf/kekka_gaiyo.pdf〉をもとに作成

ポイント

「絶対賛成（反対）」、「どちらでもいい」はやめる

　自分の考えと異なる意見には、とても重要な指摘や、改善するためのヒントがたくさん潜んでいます。「私は絶対賛成／反対なので、反対／賛成の人たちの意見は関係ない」という意見文にならないようにしましょう。また、「どちらでもいい」とするのではなく、自分が支持する立場を明確にして、議論にしっかり参加しましょう。

根拠は資料から見つける

　自分の想像や親しい人の意見を根拠に意見文を書こうとする人がいますが、記事をしっかり読み、同様のテーマについて書かれた他の資料も参照して根拠をまとめましょう。客観的なデータを紹介することも、説得力を出すうえで大切です。資料を引用する際にはp.75～76にある書き方を参考に、必要な書誌情報をしっかり記入しましょう。

第5課 before／afterの文章1

──○○になる（をする）前と後──

何かをする前と後とを比較して、自分の変化について説明する文章です。
ここでは「○○を始める『前』と『後』」、「○○になる『前』と『後』」など、自分の変化について書きましょう。自分自身を客観的に見ることで、改めて気づくこともあります。

この課で学ぶこと

① 時間軸を中心とした構成を考える

第3課、第4課では、対立項のある文章を書いてきました。

第5課、第6課は、時間軸のある文章を書きます。

文章を読む時、対立項と時間軸を押さえて読むと内容がよくわかりますが、書く時にも、対立項と時間軸を意識してわかりやすく構成を立てると、読みやすい明確な文章になります。

② 五段構成で文章を書く

第一段落：序論。その変化がいつ起きたか、時間軸を明確にしましょう。
第二段落：本論。「～になる（をする）前」の状態。客観的情報を交えて説明しましょう。
第三段落：本論。「～になった（をした）後」の状態。客観的情報を交えて説明しましょう。
第四段落：本論。エピソードを交えて変化を表現しましょう。
第五段落：結論。未来や他者に向けての終わり方を意識しましょう。

③ 自分の変化を伝える

何かをきっかけに、自分自身が大きく変わったことをテーマとして選びましょう。

変わる前の自分と対比させることで、変化をよりはっきり表現できます。

変化がわかる自分の経験・エピソードなどを通して、より具体的に相手に伝わる文章になります。また説明の際に「明暗」を意識することでより立体的に表現できます。

ポイント

例にあげた文章「野球部に入る前と後」には、「野球部に入った」ことをきっかけに、それまで苦手だった「声を出す」ことができるようになった、という内容が書かれています。

例では序論をのぞくすべての段落で、「声」について触れています。このように、キーワードを決めて変化をたどることができるように書くとよりよいでしょう。

文章例

　　野球部に入る前と後

　　　　　　　　　　　　　　　　森山　明人

序論

　私は、中学一年生の新学期に、友人と野球部の公開練習に参加し入部した。それから中学・高校の6年間、野球部の活動をした。

本論

before

　野球部に入る以前、小学生の頃、私は週末には特に決まった予定もなく、友人と遊んだり、家で弟とゲームをしたり、適当に過ごしていた。同じクラスに、少年野球のチームに入っている友人もいたが、私は内気で大きな声を出すのが苦手だったのでチームに入りたいとはまったく思わなかった。

after

　中学生になると、体力が余って何かスポーツがやりたくなり、野球部に入った。最初は大きな声を出すのが苦手だったが夏休みぐらいまでには挨拶したり、かけ声をかけたり、積極的に人と関わることができるようになった。

「〜たり、」は2回以上使う場合に用います。

変化についてのエピソードなど

　一番の思い出は、中学二年生の新人戦だ。1点差で迎えた9回の裏に二死満塁になり、サードを守っていた私のところに、鋭いライナーが飛んできたのをダイレクトキャッチすることができた。捕れば勝って試合終了できるが、落とせば逆転負けの可能性も高く、責任重大だった。私の名を叫ぶ声にこたえるように、夢中で動いたらグローブにボールが入っていた。最初は本当にほっとして、それからうれしさがこみ上げてきて、いつのまにか大声で叫んでいた。

結論

　私は、野球を通して、チームワークやコミュニケーションを学ぶことができた。そして、今でも野球部の仲間たちを大切に思っている。現在私は、大学では野球部には入らず、学童クラブの補助のアルバイトをしており、小学校低学年の児童とさまざまなスポーツをしている。野球部での経験を生かし、スポーツと、そして声をかけあうことのすばらしさを伝えていきたい。

■設計図例：前のページの文章はこの設計図をもとに書かれています。

××年9月25日	氏名（番号）：森山明人（18）
タイトル	野球部に入る前と後
キーワード	声
第一段落	いつ：中学一年生の新学期。 どこで：友人と野球部の公開練習に参加。 何を：中学・高校の6年間、野球部の活動をした。
第二段落	「before」の状態（客観的情報を交えて書く） ●大きな声を出すのが苦手だった。 ●週末は特に何もすることがなかった。 ●野球チームに入りたいとは思わなかった。
第三段落	「after」の状態（客観的情報を交えて書く） ●中学になると体力が余り、野球部に入った。 ●最初は大きな声を出すのが苦痛だった。 ●挨拶やかけ声をかけることができるようになり、積極的に人と関われるようになった。
第四段落	体験・エピソードなど ●中学二年生の新人戦で9回の裏二死満塁。 ●サードを守っていた私のところに鋭いライナーが飛んできたのをダイレクトキャッチ。うれしさがこみ上げて大声を出していた。
第五段落	結論（変化で得たもの。未来や他者に向かって開く） ●野球を通して、チームワークやコミュニケーションを学ぶことができた。 ●今でも野球部だった仲間たちを大切に思っている。 ●大学では野球部には入らず、学童クラブの補助のアルバイトをしている。 ●スポーツと、声をかけあうことのすばらしさを伝えたい。

文章設計図：この設計図に記入してから、文章を書きましょう。

	年　　月　　日　　　　　　氏名（番号）：
タイトル	
キーワード	
第一段落	い　つ： どこで： 何　を：
第二段落	「before」の状態（客観的情報を交えて書く）
第三段落	「after」の状態（客観的情報を交えて書く）
第四段落	体験・エピソードなど
第五段落	総論（変化で得たもの。未来や他者に向かって開く）

▌書いてみましょう。

■セルフチェック

採点基準（100点満点）		ポイント	チェック欄
技能点40点			
①	だ・である体	「です・ます体」や「くだけた表現」が混ざっていないか。 p.12〜17参照。	
②	五段構成・字数	段落が５つになっているか。700〜800字。	
③	文字（字形・漢字）	辞書を使って、しっかり漢字を使えているか。文字は字画を意識して書けているか。	
④	原稿用紙のルール	「ことばのドリル」p.20参照。	
内容点60点			
①	第一段落	いつ、どのような事情で、どんな変化が起きたかを紹介しているか。	
②	第二段落	beforeの状態。客観的にどうだったかを交えて書けているか。	
③	第三段落	afterの状態。客観的にどうなったかを交えて書けているか。	
④	第四段落	before／afterの変化について印象的なエピソードや自分の体験を表現しているか。	
⑤	第五段落	変化によって得たものが書かれているか。未来や他者に開いているか。	
⑥	独創性・魅力	個性があり、読み手を引きつける内容か。 キーワードを追って変化が伝えられているか。	
	自己採点		／100点

応用問題

さまざまな自分の変化について、文章を書いてみましょう。
① 大学生になる「前」と「後」
② ペットを飼う「前」と「後」
③ ○○を手に入れる「前」と「後」

第6課 before／afterの文章2

──○○になる（ができる）前と後──

第5課を応用して、社会的な変化について書きましょう。
新制度・新商品・新システムなどができる前後を比較して、社会の変化について説明します。

この課で学ぶこと

① 時間軸を中心とした構成

　　第3、4課では、対立項のある文章を学びましたが、第5、6課は、時間軸のある文章に取り組みます。1つの大きな変化のきっかけとなる出来事を中心に据えて、その前後を考察します。

② 五段構成で文章を書く

第一段落：序論、その変化がいつ起きたか、時間軸を明確にします。
第二段落：本論。「〜になる（ができる）前」の状態。客観的描写を交えて説明します。
第三段落：本論。「〜になった（ができた）後」の状態。客観的描写を交えて説明します。
第四段落：本論。変化についてのエピソードや考察。明暗をつけましょう。
第五段落：結論。未来や他者に向けての終わり方を意識しましょう。

③ 社会の変化

　　何かをきっかけに、社会や環境が大きく変わったことをテーマとして選びましょう。
　　変わる前の状況と対比させることで、変化はよりはっきり表現できます。
　　前の課では、自分の変化でしたが、今回は、社会に目を向けましょう。

④ 資料を調べる

　　図書館やインターネットなどで、データを調べたり、父母、祖父母、関係者などへのインタビューをしたり、社会がどのように変わったかについての情報を集めましょう。

ポイント

　「自分にとってよくなった／悪くなった」というだけではなく、社会や環境の変化が人々に及ぼした影響などを考察しましょう。説明・考察の際には「明暗」も意識しましょう。
　また、理想や希望を書く場合、「遠い未来の希望」と「手近な努力目標」の2種類（「遠近」）を書くようにすると、説得力が出ます。
例：「国際社会で活躍したい」（遠）、（そのためにはまず）「語学力をつけたい」（近）

序論

Ｂ市になる前・なった後

　　　　　　　　　　　　　　　　　　　　森山　明人

序論

　20XX年8月1日、私が育った茨城県Ａ町は隣町のＢ町と合併した。人口38 872 人、面積68㎢だったＡ町は、合併によって人口94 476 人、面積147 ㎢という大きな市、Ｂ市になった。

before

　合併される以前のＡ町には施設も少なく、これといった有名なものもなかった。山と海に囲まれ自宅の周辺には田や畑が広がり、まさに「田舎」といった感じがしたが、私は生まれてからずっと住んでいたので、あまり不便は感じていなかった。

after

　合併してＢ市となってから、旧Ａ町は少しずつ変わっていった。便利になり、財政の余裕ができたからか、今まで行われなかった道路の整備が進み、ひび割れていたり木の根で盛り上がっていたりしていたアスファルト道路が整備され、自転車でも安全に走行できるようになった。また、風の強い土地であることをいかして風力発電機がいくつも設置され、観光名所となった。しかし、開発が進むにつれて、田舎の風景は失われていった。

「たり」は
2回以上
使う

本論

変化についてのエピソードなど

　Ｂ市になった時、私は生まれた頃から慣れ親しんだＡ町という町名がなくなってしまって、かなり寂しかった。とはいえ、旧Ｂ町のエリアの施設を利用し、地域の行事にも参加することでさまざまな年齢層の人と話す機会も増えるなど、自分にとってプラスとなることが多くなったのも確かである。風力発電機が建設されてからは、以前よりも観光客や海水浴客が増えた。

明暗

結論

　最近では、やはり合併してよかったと考えている。便利で豊かになったことで、若い世帯の流出が食い止められ、子どもも増えているからだ。昔ながらの田舎の風景は、意識して守らなくてはどんどん減少してしまうのではないか、という不安もあるが、これからもＢ市は、さらに発展していくだろう。私もよりよい市にしていくために自分にできることがないか考えたい。

遠近

設計図例：前のページの文章はこの設計図をもとに書かれています。

××年10月10日	氏名（番号）：森山明人（18）
タイトル	Ｂ市になる前・なった後
第一段落	いつ／どこで／どのように／規模など（データをあげる） ●20XX年８月１日、私の住む茨城県Ａ町と、隣のＢ町が合併。 ●人口38872人、面積68㎢のＡ町が、人口94476人、面積147㎢のＢ市になった。
第二段落	「before」の状態（客観的情報を交えて書く） ●Ａ町には施設も少なく、有名なものもなかった。 ●田や畑が広がり、まさに「田舎」だった。 ●あまり不便は感じていなかった。
第三段落	「after」の状態（客観的情報を交えて書く） ●道路の整備が進んだ。 ●風力発電機がいくつも建設され、観光名所になった。 ●便利になり、田舎の風景があまり見られなくなった。
第四段落	体験・エピソードなど（聞いたこと、読んだことも含む） ●Ａ町の名がなくなった当初は少し寂しかった。 ●隣町だった旧Ｂ町の地域にも行く機会が増えた。 ●風力発電機建設以降、観光客（特に夏の海水浴客）が増加した。
第五段落	結論（変化で得たもの。未来や他者に向かって開く） ●やはり合併してよかった。子どもも増えている。 ●昔ながらの風景は意識して保存すべきだ。 ●私にも何かできることはないか。

┃文章設計図： この設計図に記入してから、文章を書きましょう。

年　　月　　日	氏名（番号）：
タイトル	
第一段落	いつ／どこで／どのように／規模など（データをあげる）
第二段落	「before」の状態（客観的情報を交えて書く）
第三段落	「after」の状態（客観的情報を交えて書く）
第四段落	体験・エピソードなど（聞いたこと、読んだことも含む）
第五段落	結論（変化で得たもの。未来や他者に向かって開く）

▌書いてみましょう。

■セルフチェック

採点基準（100点満点）	ポイント	チェック欄
技能点40点		
① だ・である体	「です・ます体」や「くだけた表現」が混ざっていないか。p.12～17参照。	
② 五段構成・字数	段落が5つになっているか。700～800字。	
③ 文字（字形・漢字）	辞書を使って、しっかり漢字を使えているか。文字は字画を意識して書けているか。	
④ 原稿用紙の使い方	「ことばのドリル」p.20参照。	
内容点60点		
① 第一段落	いつ、どのような事情で、どんな変化が起きたかを紹介しているか。	
② 第二段落	beforeの状態。客観的にどうだったかを交えて書けているか。	
③ 第三段落	afterの状態。客観的にどうなったかを交えて書けているか。	
④ 第四段落	before／afterの変化について。適切なエピソードで変化が表現されているか。	
⑤ 第五段落	変化について自分が感じていること、伝えたいことが書かれているか。未来や他者に開いているか。	
⑥ 独創性・魅力	個性があり、読み手をひきつける内容か。	

応用問題

自分のまわりで起きた社会的変化、さらに資料や関係者へのインタビューなどからわかる社会の変化についても、文章を書いてみましょう。
① 受動喫煙の防止に関する条例や取り組みが本格化する「前」と「後」
② ○○駅前に大型ショッピングセンター○○ができる「前」と「後」
③ ペットボトルができる「前」と「後」

第7課　対立項と時間軸のある文章
——調査年度の異なる統計資料を読んで——

3、4課で学んだ「対立項」と5、6課で学んだ「時間軸」の両方を使って文章を書いてみましょう。

■ この課で学ぶこと

① 多量の情報の中から、数値の差が大きいところ、変化が激しいところを見つける。

② 資料の中から、必要な数値を書き出し、整理・比較する。

③ 調査年度の異なる統計資料の、数値の変化からその間に起きた社会の変化を考察する。

考察のヒント　ここでは下記の資料と、68-69ページの資料を参考にします。

68ページからの資料は内閣府による「社会意識に関する世論調査」で、現在の日本の状況について、良い方向に向かっていると思われる分野、悪い方向に向かっていると思われる分野を聞く調査結果から、2008年から2020年の各4項目を抜粋しました（調査方法・その結果に関しては、内閣府ホームページを参照してください）。

2002（平成14）年から2020（令和2）年までに起きた大きな出来事

2002～2010年　「ゆとり教育」の実施。

2006年～　「ワーキングプア」、「ブラック企業」などが問題にされ始める。

2008年　日本人のノーベル物理学賞受賞3名、化学賞受賞1名。

2008年　世界的な金融危機である「リーマン・ショック」が起こる。日本でも株価が暴落。

（2008～2009年　パレスチナとイスラエルの間でガザ紛争が起きる。）

2010年　日本人のノーベル化学賞受賞2名。

2010年　大学生の就職内定率が91.8％（最低記録2000年91.1％に近い）になる。

2011年　東日本大震災が起こる。

2011年　小学校における新学習指導要領全面実施。英語教育が始まる。

2012年　中学校における新学習指導要領全面実施。授業時数増加。

2012年　日本人のノーベル生理学・医学賞受賞1名。

2012年　第2次安倍晋三内閣発足。経済政策「アベノミクス」が打ち出される。

2014年　日本人のノーベル物理学賞受賞3名。

2014年　年金制度改革が行われる。消費税が5％から8％に引き上げられる。

2015年　日本人のノーベル物理学賞受賞1名、生理学・医学賞受賞1名。

2016年　日銀、マイナス金利を初導入。

2018年　記録的猛暑、熊本地震、九州・岐阜で豪雨、西日本での台風など、自然災害が多発。

2018年　非正規雇用5年以上で無期雇用に転換できる「改正労働契約法」（2013年公布）施行。

2019年10月　消費税率改定。

2019年末～　新型コロナウイルス感染症（COVID-19）の流行。

2020年3月　「東京2020オリンピック競技大会」の1年延期が決定、2021年7～8月開催。

文章例

　　　2009年の国内の状況
　　　――調査年度の異なる統計資料を読む――　　　　　　　　森山　明人

　内閣府（政府広報室）が毎年行っている「社会意識に関する世論調査」の2008年から2020年の現在の日本の状況について「良い方向に向かっている分野」、「悪い方向に向かっている分野」において、「良い方向に向かっている分野」で回答の多かった「科学技術」と「悪い方向に向かっている分野」で回答の多かった「国の財政」という項目の変化を分析し、考察したい。

　「科学技術」の項目については、2008年に21.2％、2020年には20.5％が「良い方向に向かっている分野」としてあげた。その間、特に変化が目立つのが、前年度から約7ポイント増えた2009年（28.1％）と、約5ポイント増えた2015年（30.1％）である。

　「国の財政」の項目については、2008年に37.5％、2020年には39.4％が「悪い方向に向かっている分野」としてあげた。その間、特に変化が目立つのが前年度から約5ポイント増えた2009年（42.9％）と、約8ポイント増えた2011年（55.7％）である。

　まず、「良い方向に向かっている分野」の「科学技術」が、2009年（28.1％）に増えた背景としては、前年の2008年に日本人3名がノーベル物理学賞を受賞し、1名がノーベル化学賞を受賞したことが考えられる。2015年（30.1％）に増えた前年の2014年にも、3名がノーベル物理学賞を受賞している。

　一方、「悪い方向に向かっている分野」の「国の財政」が、2009年（42.9％）に増えた前年の2008年は、国際的な金融危機である「リーマン・ショック」が起き、株価が暴落した年である。その後の日本の景気の低迷を受け、2011年にはさらに55.7％に増えている。2010年の大学生の就職内定率は、一番低い時期に匹敵する91.8％だった。

　「科学技術」、「国の財政」ともに、2009年に大きな変化が見られる点について考察したい。2009年に「景気」が良い方向に向かっていると答えたのは、0.7％で、悪い方向に向かっていると答えたのは68.6％だった。その前年の2008年の「リーマン・ショック」以降の世界的不況の影響で、雇用・労働条件は悪化していた。そのような社会状況にあって、経済に関連する項目を「良い方向に向かっている分野」に選ぶ人は少ない。また、良い見通しが立たない中での、科学技術の分野での日本人3氏のノーベル賞受賞は、際立ってうれしいニュースだったのだろう。

　私の姉は、2010年に就職活動をした。70社受けて、面接まで進んだのは2社という厳しい状況だった。この資料を見て、大変な時期だったのだということがあらためてわかった。「科学技術」の分野が「良い方向に進んでいる分野」である、という印象は、実際の生活の中で感じたというより、大きくニュースで取り上げられたことで強められたように思う。また、こうした世論調査は、国民の消費動向をはかる手掛かりともなる。私は将来、自分の店を経営したいと考えており、その際、こうした世論調査の結果を、仕入れや宣伝の参考にしたい。

序論
　着目した点

本論
　データ①
　データ②
　データ①の背景
　データ②の背景
　考察

結論

（1）2008年のノーベル物理学賞は、南部陽一郎、益川敏英、小林誠の3氏の素粒子物理学研究の功績による。ノーベル化学賞は、下村脩氏の緑色蛍光タンパク質（GFP）の発見の功績による。
（2）2014年のノーベル物理学賞は、赤﨑勇、天野浩、中村修二の3氏の青色発光ダイオード（LED）の研究開発の功績による。

資料

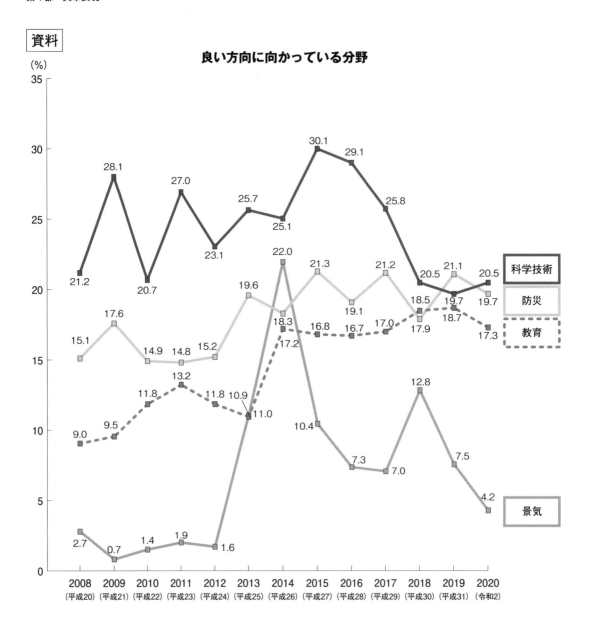

良い方向に向かっている分野

良い方向に向かっている分野

(%)

	2008	2009	2010	2011	2012	2013	2014	2015	2016	2017	2018	2019	2020
科学技術	21.2	28.1	20.7	27.0	23.1	25.7	25.1	30.1	29.1	25.8	20.5	19.7	20.5
防災	15.1	17.6	14.9	14.8	15.2	19.6	18.3	21.3	19.1	21.2	17.9	21.1	19.7
教育	9.0	9.5	11.8	13.2	11.8	10.9	17.2	16.8	16.7	17.0	18.5	18.7	17.3
景気	2.7	0.7	1.4	1.9	1.6	11.0	22.0	10.4	7.3	7.0	12.8	7.5	4.2

（調査結果より4項目を抜粋）

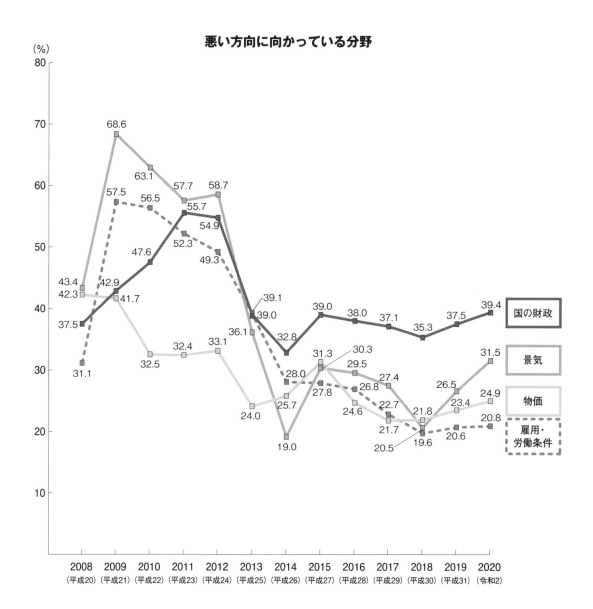

悪い方向に向かっている分野

内閣府「社会意識に関する世論調査」より作成

（%）

	2008	2009	2010	2011	2012	2013	2014	2015	2016	2017	2018	2019	2020
国の財政	37.5	42.9	47.6	55.7	54.9	39.0	32.8	39.0	38.0	37.1	35.3	37.5	39.4
物価	42.3	41.7	32.5	32.4	33.1	24.0	25.7	31.3	24.6	21.7	21.8	23.4	24.9
景気	43.4	68.6	63.1	57.7	58.7	36.1	19.0	30.3	29.5	27.4	20.5	26.5	31.5
雇用・労働条件	31.1	57.5	56.5	52.3	49.3	39.1	28.0	27.8	26.8	22.7	19.6	20.6	20.8

（調査結果より4項目を抜粋）

設計図例：前のページの文章はこの設計図をもとに書かれています。

××年11月10日		氏名（番号）：森山明人（18）
タイトル	2009年の国内の状況──調査年度の異なる統計資料を読む──	
第一段落	資料・とりあげる項目 内閣府（政府広報室）「社会意識に関する世論調査」（2008年〜2020年）の「良い方向に向かっている分野」「悪い方向に向かっている分野」の資料について 「良い方向に向かっている分野」では「科学技術」 「悪い方向に向かっている分野」では「国の財政」	
第二段落	①「良い方向に向かっている分野」の2008年から2020年までの変化 「科学技術」をあげた人は 2008年に「21.2」％、2020年には「20.5」％ その間、特に変化が目立つのが 前年度から約「7」ポイント「増えた」「2009」年 前年度から約「5」ポイント「増えた」「2015」年	
第三段落	②「悪い方向に向かっている分野」の2008年から2020年までの変化 「国の財政」をあげた人は 2008年に「37.5」％、2020年には「39.4」％ その間、特に変化が目立つのが 前年度から約「5」ポイント「増えた」「2009」年 前年度から約「8」ポイント「増えた」「2011」年	
第四段落	①の特に目立って増減している前年の出来事、社会状況などを考察 「2009」年に「増えた」背景：2008年にノーベル物理学賞3名、化学賞1名受賞。 「2015」年に「増えた」背景：2014年にノーベル物理学賞3名受賞。	
第五段落	②の特に目立って増減している前年の出来事、社会状況などを考察 「2009」年に「増えた」背景：2008年の「リーマン・ショック」。 「2011」年に「増えた」背景：2010年大学生の就職内定率91.8%。	
第六段落	10年間の変化で自分が着目した点を考察（年度や出来事、分野など） ●2009年「景気」が良い方向に向かっていると答えたのは、0.7％で、悪い方向に向かっていると答えたのは68.6％。 ●2008年「リーマン・ショック」以降の世界的不況の影響が出ている。 ●経済に関連する分野を「良い方向に向かっている」とする人は少ない。 ●その中で、科学技術の分野でのノーベル賞受賞は、際立ってうれしいニュースだったのではないか。	
第七段落	まとめ（全体を通して感じたこと。自分の体験に引きつける。未来や他者に開く） ●姉が2010年に就職活動をしていた。厳しい状況だった。 ●世論調査は、実際の生活の中で感じたことより、大きくニュースで取り上げられた出来事に影響されるのではないか。 ●私は将来、自分の店を経営したい。その際、世論調査の結果を何をどのくらい仕入れるか、どのように宣伝するかなどの参考にできる。	

┃文章設計図：この設計図に記入してから文章を書きましょう。

	年　　　月　　　日　　　　　　　氏名（番号）：
タイトル	
第一段落	資料・とりあげる項目 内閣府（政府広報室）「社会意識に関する世論調査」（2008年～2020年）の「良い方向に向かっている分野」「悪い方向に向かっている分野」の資料について 「良い方向に向かっている分野」では「　　　　　　　　　　　　　　　　」 「悪い方向に向かっている分野」では「　　　　　　　　　　　　　　　　」
第二段落	①「良い方向に向かっている分野」の2008年から2020年までの変化 「　　　　　　　　　　　　　」をあげた人は 2008年に「　　　　　　　　」％、2020年には「　　　　　　　」％ その間、特に変化が目立つのが 前年度から約「　　　　　　」ポイント「増えた・減った」「　　　　　　　」年 前年度から約「　　　　　　」ポイント「増えた・減った」「　　　　　　　」年
第三段落	②「悪い方向に向かっている分野」の2008年から2020年までの変化 「　　　　　　　　　　　　　」をあげた人は 2008年に「　　　　」％、2020年には「　　　　　　　」％ その間、特に変化が目立つのが 前年度から約「　　　　　　」ポイント「増えた・減った」「　　　　　　　」年
第四段落	①の特に目立って増減している前年の出来事、社会状況などを考察 「　　　　　　」年に「増えた・減った」背景： 「　　　　　　」年に「増えた・減った」背景：
第五段落	②の特に目立って増減している前年の出来事、社会状況などを考察 「　　　　　　」年に「増えた・減った」背景： 「　　　　　　」年に「増えた・減った」背景：
第六段落	統計資料のグラフの中で、自分が着目した点を考察（年度や出来事、分野など）
第七段落	まとめ（全体を通して感じたこと。自分の体験に引きつける。未来や他者に開く）

書いてみましょう。

■セルフチェック

採点基準（100点満点）	ポイント	チェック欄
技能点30点		
① だ・である体（常体）	「だ・である」体に統一されているか。「くだけた表現」を使っていないか。p.12～17参照。	
② 七段構成・字数	段落が7つになっているか。1000字以上。	
③ 文字（字形・漢字）	辞書を使ってしっかり漢字が書けているか。文字は字画をはっきり書けているか。	
④ 原稿用紙のルール	「ことばのドリル」p.20 参照。	
⑤ データ	図表から、データが正確に書き出せているか。	
内容点70点		
⑥ 第一～三段落	情報を整理し、しっかりまとめられているか。	
⑦ 第四～五段落	数値にあらわれた世論調査の10年間の変化について、背景を調べ、考察できているか。	
⑧ 第六段落	着眼点を絞り、考察出来ているか。	
⑨ 第七段落	体験に引きつけてあるか。未来や他者に開かれているか。	
⑩ 独創性・魅力	個性があり、読み手をひきつける内容か。	
	自己採点	／100点

応用問題

統計調査のさまざまな資料を読んで、社会の変化を考察しましょう。

参考となる統計サイト
文部科学省　統計情報　http://www.mext.go.jp/b_menu/toukei/main_b8.htm
総務省統計局　日本の統計　http://www.stat.go.jp/data/nihon
内閣府　統計情報・調査結果　http://www.esri.cao.go.jp

レポートについて

レポートの基本を学びます。

レポートとは

　大学では課題として、よくレポートが出されます。レポートとは、テーマに応じて「問題提起」し、「調査」し、「考察」するものです。
「考察」は、「対比」することによって説得力を増します。次の表では、対立項Bが、自分が伝えたいことの根拠となります。

対比させる切り口	対立項A	対立項B
「賛否」	自分と反対の立場の根拠	自分の立場の根拠
「変化」（before/after）	beforeの状況	afterの状況
「状況」	一般的な状況	問題点をはらむ特異な状況
「メリットとデメリット」	メリット（デメリット）	デメリット（メリット）
「長所と短所」	長所（短所）	短所（長所）
「AとBを比較」	A	B（支持する方）

基本的なレポートの構成

　ここでは基本的なレポートの書き方を学びましょう。次の表は伝えたい内容が相手にわかりやすく伝わる型のひとつです。細かな書式は専門科目や指導教員によって異なります。

はじめに　（問題提起） このレポートで何を考察するか、テーマ設定の動機など。構成を示す目次もつける。
調査①　（概念説明）　レポートで取り上げるものについての説明
調査②　（対立項 A）
調査③　（対立項 B）　自分が伝えたいことの根拠
考察　対立項の比較、原因・背景考察、問題分析、解決に向けての提案など。
おわりに
注および参考資料

ポイント

レポートのテーマ

　大学ではさまざまなレポートを書くことになります。「テーマは自由」というものであっても、ふさわしいテーマ、ふさわしくないテーマがあります。その科目で学んだことを踏まえ、多くの人と問題意識を共有できるテーマにしましょう。
ふさわしくない例
・壮大すぎるもの（「日本文化と韓国文化の比較」「宇宙について」など）
・個人的なもの（「私の家族」「〇〇大学サッカー部」など）

▌レポートの内容

1　はじめに（問題提起）

　自分が調査・考察してみたいと思った動機となった、社会的背景、自分自身の知識などを踏まえて、レポートのテーマを掲げます。レポートの構成を示す目次もあるといいでしょう。

2　調査（調査結果報告、データ提示）

　考察に必要な資料を分析し、調査し、整理します。新聞・雑誌・書籍・ウェブサイトなどのしっかりした資料を参考にします。アンケート、インタビュー、年鑑などのデータを活用してもいいでしょう。引用した参考資料はレポートの最後にまとめて載せるので、きちんと控えておきましょう。

▌ポイント

引用や参考資料に適さない情報源

　読者投稿欄、宣伝・広告、個人ブログやSNS、質問・疑問に答えるQ＆Aサイト、ネット掲示板、まとめサイトなどは、裏付けがなく、資料として適していません。「wikipedia」は資料を探す手掛かりにはなりますが、不特定多数の人が情報を書き換えできるものなので、そのまま引用しないこと。また、参考資料がウェブサイトばかりでは説得力を欠きます。

3　考察

　考察すべき問題点を絞り、調査からわかったこと、原因や背景の考察、今後の課題、課題解決に向けての提案など、自分の意見をまとめます。

4　おわりに

　レポートには客観的な調査、考察をまとめ、感想は入れないのが鉄則です。レポート本文とわけて作成者の気持ちを表現する「おわりに」をつけてみましょう。

5　注および参考資料

　注記号は本文中の注記したい言葉の直後に「（注1）」や「(1)」のように書きます。「〜です[注2]」のように、上付文字にすることもあります。注と参考資料の書誌情報は、レポートの最後にまとめます（書誌情報記載例はp.76を参照）。

レポートの基本

　学問の分野や担当の先生によって書式は変わるので、実際のレポート作成の際には、指定された書式に従いますが、次のような基本事項を守って完成させましょう。近年では、英文の論文で一般的な、「APA方式」を、日本文の論文でも指定するケースも増えています。

・表紙をつける。授業名、作成年月日、レポートタイトル、作成者氏名・所属・学年を明記。

・表紙は１ページ分使用。ただし、ページ番号は本文のページからつける。

・表紙の日本語フォントはゴシック体が一般的。

・本文は40字×30行を目安とし、日本語のフォントは明朝体を用いる。

・「だ・である体」（常体）で書く。

・インターネット上の情報のコピー＆ペーストや、知人のレポートを写すなどの行為は絶対にしない。

・引用する場合は、「」でくくる、引用文として前後一行ずつあけて記載する、など、引用であることを明確にする。

・引用した文や図版などは、書誌情報を引用の直後に記載するか、注をつけて、レポートの最後に記す。

書誌情報記載例

単行本の場合

　銅直信子・坂東実子（2021）『大学生のための文章表現&口頭発表　練習帳　改訂第2版』国書刊行会
　　　作者　　　　　　（刊行年）　　　　　　　　　　　『本のタイトル』　　　　　　　　　　　　出版社

　（文庫、新書、シリーズなどの場合はそれも付記する）

論文の場合

　丸尾実子（1995）「『三四郎』に吹く〈風〉―明治40年の事物と経済」『漱石研究』Vol. 5（1995年4月）翰林書房

新聞記事の場合

　『朝日新聞』朝刊 2018年12月9日付「社説」

　（ウェブに掲載された新聞記事の場合、リンクを書くのではなく、元の記事を上の例のように記す）

ウェブサイトの場合

　「社会意識に関する世論調査」内閣府（政府広報室）〈http://survey.gov-online.go.jp/index-sha.html〉2021年9月25日参照

　（ウェブページは変化するので、参照日を付記しましょう）

第2部 口頭発表

第1課　**紹介スピーチ1**

──私の好きなもの（こと）──

この課では、文章表現で学習した「私の好きなもの（こと）」をもとに口頭発表をします。

この課で学ぶこと

① 自分と関連のあるものをわかりやすく紹介する

いきなり人前での発表に入るのは大変だと感じられる場合は、ウォーミングアップとして、ペアになり相手のことを1分間でほめ合う活動をするのもいいでしょう（髪型・服装・持ち物など）。

② 発表の構成を考える

です・ます体を使う、主観的な表現と客観的な表現を使い分ける、明暗をつける、最後は未来や他者に開くようにすることは文章表現第1課と同じです。それに加えて、大勢の人の前で発表するためにはどのような点に注意する必要があるかを学びます。

③ 発表時間を意識する

発表時間は2〜3分です。自己紹介・友人紹介・人物紹介（各分野で活躍している人物）・自分の国（留学生）や故郷の紹介などにも応用できます。3分間でどのくらいの分量が話せるのかをつかんでおくと、突然スピーチを依頼されてもあわてずに話す内容を組み立てることができ、結婚式のスピーチなど社会人になってもいろいろな場面で応用できます。

ポイント

口頭発表の際に注意すること

＊聞き手を見て話す。
＊ずっと原稿を見て話したりスクリーンだけを見ながら発表しない。
＊全員に声が届くよう話す。
＊「えー」「あのー」などはなるべく避ける。
＊語尾を上がり調子にしない。

発表スクリプト例

挨拶
　経済学部経済学科1年生の本橋聖子と申します。
　これから、「私の好きなもの」について発表致します。

序論
　私の好きなものは、この赤いメガネです。ここに小さい字で書いてありますが、日本製です。耳にかけるところは、このように幅が太めですがとても軽いです。韓国へ旅行した時、ソウルの眼鏡屋で買いました。

本論①
　このメガネの一番いいところは、とても軽くてスポーツをしている時でも全く気にならないことです。レンズが横に長いデザインなので高校時代に使っていた丸型のフレームより大人っぽく見えるところも気に入っています。耳にかけるところが太いので、安定感もあります。

本論②

明
　大学の入学試験に合格した時、合格祝いに両親が韓国旅行へ連れて行ってくれました。ソウルでショッピングをしている時に、この赤いメガネを見つけ、一目で気に入りました。買ってもらうわけにはいかないと思ったので、アルバイトをして返すことを条件にお金を出してもらいました。記念に写真を撮りました。これがこのメガネを買ったソウルの眼鏡屋です。ちなみに店員さんたちは日本語がとても上手でした。また、有名デザイナーのブランド物なのに値段は日本で買う半額ほどだったのです。

暗
　失敗もあります。春休み、団地のテニスコートで練習した時、顔を洗った後水道のそばにメガネを忘れてきてしまいました。すぐ走って探しに行きましたが、ありません。両親にお金も払っていないうちからなくしてしまったと思うと、悔しかったです。出てこないかもしれないと思ったのですが、団地の交番に電話したら、親切な人が届けてくれていました。

結論
　夏休みにはアルバイトをして両親に借りたお金を返そうと思っています。このメガネは自分で働いて買う初めてのものになります。これからも勉強にスポーツにずっと大切に使っていこうと思います。

挨拶
　これで発表を終わります。ありがとうございました。質問やコメントがあれば、お願い致します。

設計図例：前のページの発表スクリプトはこの設計図をもとに考えられています。

××年４月20日	氏名（番号）：本橋聖子
タイトル	私の好きなもの
序論	好きなもの（こと） ●メガネ いつ手に入れたか ●大学に合格した後の韓国旅行中、ソウルの眼鏡屋で。
本論①	どのようなものか（客観的にまとめる）形状、デザイン、性能、特徴など ●赤いフレームのメガネ。 ●とても軽い。 ●レンズは横に長い形で、耳にかけるところが太い。 どのようによいものか。特にどんな点が優れているか ●軽いのでスポーツをする時に気にならない。 ●大人っぽく見える。
本論②	いい思い出 ●春休みに韓国のソウルへ行った時、ショッピングをしていて一目で気に入った。 ●ブランドのメガネを日本のほぼ半額の値段で買うことができた。 困った思い出 ●テニスの練習をした時、顔を洗った後メガネを忘れてしまった。
結論	今、感じていること、今後の希望や聞いている人への呼びかけなど ●メガネ代はアルバイトして返すと約束したので、夏休みにアルバイトをするつもりだ。 ●これからも勉強やスポーツにこのメガネを大切に使っていきたい。

┃発表設計図：この設計図に記入してから、スクリプトを考えましょう。

年　　月　　日	氏名（番号）：
タイトル	
序論	好きなもの（こと） いつ手に入れたか
本論①	どのようなものか（客観的にまとめる）形状、デザイン、性能、特徴など どのようによいものか。特にどんな点が優れているか
本論②	いい思い出 困った思い出
結論	今、感じていること、今後の希望や聞いている人への呼びかけなど

▌発表スクリプトを考えてみましょう。

――――――――の――――――――と申します。

これから、「私の好きなもの」について発表致します。

私の好きなもの（こと）は――――――――――――です。

――――――――――――――――――――――――――

――――――――――――――――――――――――――

――――――――――――――――――――――――――

――――――――――――――――――――――――――

――――――――――――――――――――――――――

――――――――――――――――――――――――――

――――――――――――――――――――――――――

――――――――――――――――――――――――――

――――――――――――――――――――――――――

――――――――――――――――――――――――――

――――――――――――――――――――――――――

――――――――――――――――――――――――――

――――――――――――――――――――――――――

――――――――――――――――――――――――――

――――――――――――――――――――――――――

――――――――――――――――――――――――――

これで発表を終わります。ありがとうございました。質問やコメントがあれば、お願い致します。

セルフチェック

採点基準（100点満点）		ポイント	チェック欄
①	です・ます体	日本語の表現は正確か。	
②	構成	開始・終了の挨拶と、序論・本論・結論からなる構成であるか。3分以内の発表であるか。	
③	客観的な特徴	好きなものの特徴を客観的に説明しているか。	
④	エピソード	体験などの具体的なエピソードがあるか。	
⑤	明暗・まとめ	よいところだけではなく失敗や苦労したところなどがあるか。最後に他者や未来へと開かれているか。	
⑥～⑩は先生や他の学生の評価も参考にします。			
⑥	わかりやすさ	内容はわかりやすいか。	
⑦	声の大きさ・明確さ	声の大きさはちょうどいいか。発音は明瞭か。	
⑧	話す速さ	話す速さはちょうどいいか（メリハリがあるか）。	
⑨	姿勢（アイコンタクト）	前を向いて、聞いている人の目を見て話しているか。下ばかり向いて話していないか。	
⑩	伝えようとする気持ち	気持ちを込めて話しているか。ただ原稿を読んでいるだけになっていないか。	
	自己採点		／100点

評価票：先生や他の学生にチェックしてもらいましょう。

口頭発表評価票

氏名（番号）＿＿＿＿＿＿＿＿＿＿

発表日　　　　年　　　月　　　日

発表者の名前 ＿＿＿＿＿＿＿＿＿＿＿

評価項目

内容のわかりやすさ	声の大きさ	話す速さ	姿勢（アイコンタクト）	伝えようとする気持ち
／10	／10	／10	／10	／10

よかった点：

改善すべき点：

第2課

紹介スピーチ2

——私の故郷——

第1課の応用課題として自分の身近なことを紹介しましょう。

この課で学ぶこと

① 紹介スピーチを応用する

　　第2課では自分自身のことから少し広げて、自分の故郷、留学生の場合は出身国について発表します。教師や他の学生に自分の故郷のどんなところを知ってほしいと思いますか。国や市や町の広報担当者になったつもりで、また、自分自身の思いも織り交ぜて発表しましょう。

② 事前の準備をする

　　紹介したい自分の国や故郷が載っている地図や資料を持参します。国の紹介の場合は国旗や民族衣装などを持参したり、写真に撮ったり絵を描いたりするのもいいでしょう。発表は3分以内です。発表後、他の学生や教師からの質問に答えます。どのような質問をされるか予想して準備しておきましょう。

③ 主観的なスピーチにならないよう注意する

　　自分の故郷ですが、いい面だけでなくマイナス面を客観的に紹介することで聞き手に強い印象を与えることができます。

　　また、逆にマイナス面ばかりの紹介にならないよう注意しましょう。

発表スクリプト例

挨拶

経済学部経営学科1年生の松下勇太と申します。

これから、「私の故郷」について発表致します。

序論

私の故郷はカザフスタン共和国です。父の仕事の関係で、生まれてから18歳で高校を卒業して日本に戻るまで首都のアスタナに住んでいました。カザフスタンは中央アジアにあり、北にロシア、東に中国があります。地図を見てください。

本論①

カザフスタンは1995年に旧ソ連から独立した新しい国です。120の民族がいる多民族国家ですが、国民の半分ほどがカザフ人で、騎馬民族なので馬をとても大切にしています。お祭りの時には、民族衣装を着て馬に乗って、みんなで速さを競いあいます。

資料を用意して紹介する

ここに写真があります。このように広い砂漠や草原、大きな湖があり、景色がとてもきれいで雄大です。最近、ホーストレッキングをするために訪れる観光客が増えています。

本論②

特にみなさんに紹介したいのはカザフスタンの国旗です。これが国旗です。日本人の友達に見せると、ほとんどの人が「かっこいい」と言います。青い空の上に希望を表す太陽と自由を表す鷲が描かれています。

残念に思うこともあります。カザフスタンはあまり日本人に知られていないので、カザフスタンの話をすると「えっ、アフガニスタン」と聞き返されたり、「ロシアの一部でしょう」などと言われたりします。私の生まれ育った国の名前は「カザフスタン共和国」です。ぜひ覚えてください。

結論

みなさんにカザフスタンのことをもっと知ってもらいたいと思います。そしてぜひ旅行に行って、自然の中でホーストッレッキングをしてほしいと思います。

挨拶

これで発表を終わります。ありがとうございました。質問やコメントがあれば、お願い致します。

設計図例：前のページの発表スクリプトはこの設計図をもとに考えられています。

××年5月15日		氏名（番号）：松下勇太
タイトル	私の故郷	
序論	名称と所在 ●カザフスタン共和国 自分がどのくらい住んでいた（いる）か ●生まれてから、高校を卒業して18歳で日本に戻るまで。 簡単な紹介 ●中央アジアにあり、北にロシア、東に中国がある。120の民族がいる多民族国家。	
本論①	どのような所か（客観的にまとめる） 気候・風土・文化・歴史・観光・人々の気質・言葉・交通・産業など ●カザフ人は騎馬民族で、人々は馬を大切にしている。 ●広大な国の中に、砂漠や草原、湖がある。最近、ホーストレッキングをするために訪れる観光客が増えている。	
本論②	エピソード1（よい面） ●カザフスタンの国旗を友達に見せると、ほめられることが多い。国旗には青い空の上に希望と自由を表す太陽と鷲が描かれている。 エピソード2（困った面） ●あまり日本人に知られていない。よく似た名前の他の国と間違えられる。	
結論	今、感じていること、今後の希望または聞いている人への呼びかけ ●カザフスタンのことをもっと知ってほしい。山や湖がきれいなのでぜひ旅行に行ってほしい。	

発表設計図：この設計図に記入してから、スクリプトを考えましょう。

年　　月　　日	氏名（番号）：
タイトル	
序論	名称と所在 自分がどのくらい住んでいた（いる）か 簡単な紹介
本論①	どのような所か（客観的にまとめる） 気候・風土・文化・歴史・観光・人々の気質・言葉・交通・産業など
本論②	エピソード1（よい面） エピソード2（困った面）
結論	今、感じていること、今後の希望または聞いている人への呼びかけ

発表スクリプトを考えてみましょう。

_____の_____と申します。

これから、「私の故郷」について発表致します。

私の故郷は_____です。

_____

_____

_____

_____

_____

_____

_____

_____

_____

_____

_____

_____

_____

_____

_____

_____

_____

_____

これで発表を終わります。ありがとうございました。質問やコメントがあれば、お願い致します。

┃セルフチェック

採点基準（100点満点）		ポイント	チェック欄
①	です・ます体	日本語の表現は正確か。	
②	構成	開始・終了の挨拶と、序論・本論・結論からなる構成であるか。3分以内の発表であるか。	
③	客観的な特徴	自分の故郷を客観的に説明しているか。	
④	エピソード	体験などの具体的なエピソードがあるか。	
⑤	明暗・まとめ	よいところだけではなくマイナス面を紹介しているか。最後に他者や未来へと開かれているか。	
⑥～⑩は先生や他の学生の評価も参考にします。			
⑥	わかりやすさ	内容はわかりやすいか。	
⑦	声の大きさ・明確さ	声の大きさはちょうどいいか。発音は明瞭か。	
⑧	話す速さ	話す速さはちょうどいいか（メリハリがあるか）。	
⑨	姿勢（アイコンタクト）	前を向いて、聞いている人の目を見て話しているか。下ばかり向いて話していないか。	
⑩	伝えようとする気持ち	気持ちを込めて話しているか。ただ原稿を読んでいるだけになっていないか。	
		自己採点	／100点

┃評価票：先生や他の学生にチェックしてもらいましょう。

口頭発表評価票

氏名（番号）＿＿＿＿＿＿＿＿＿＿＿＿＿＿＿＿＿＿

発表日　　　　年　　　月　　　日

発表者の名前 ＿＿＿＿＿＿＿＿＿＿＿＿＿＿＿＿

評価項目

内容のわかりやすさ	声の大きさ	話す速さ	姿勢（アイコンタクト）	伝えようとする気持ち
／10	／10	／10	／10	／10

よかった点：

改善すべき点：

第2課　応用 人物紹介

　第2課の応用課題として人物紹介を取り上げます。自分の国の人か外国の人かを問わず自分が興味を持った人、教師や他の学生に紹介したい人を選んで、どんな人か、どんな活動をしているかについて発表しましょう。

発表スクリプト例

　情報学部メディア学科１年生の島村結と申します。

　これから、「尊敬する人物」について発表致します。

　私が紹介したい人は1990年から2000年まで国連難民高等弁務官として難民問題に取り組んできた緒方貞子さんです。緒方さんは日本人女性としても小柄なほうなので背の高い外国の男性たちに囲まれると頭一つ低く、当時「小さな巨人」と呼ばれていたそうです。「小さな」はわかりますが、どうして巨人と呼ばれようになったのでしょうか。それは彼女の難民への取り組みが誰にでもできるようなことではなかったからだと思います。

　一番素晴らしいと思うのは「現場主義」に徹したところです。緒方さんは「難民を守るためには、彼らのそばにいなければいけない。彼らとのコミュニケーション、彼らの安心感、信頼感を得るためには、現場に人がいなければいけない」と述べ、実際に本人自身も１年の半分以上は本部を離れ、現場にいました。

　高等弁務官に任命される前、緒方さんの名前はあまり知られていませんでした。それが、一躍注目されるようになる、ある問題が発生します。

　1991年４月、イラク北部でクルド難民が発生し、40万人の難民がトルコ国境で戻されて山中に残されてしまいます。国連難民高等弁務官事務所の活動は「難民条約」に基づいて行われるため、国内にいる人々を助けるべきかどうかが、長時間にわたって話し合われました。その時、緒方さんの決断によって、「慣例に従わず困っている人々を助ける」ことになったのです。慣例を破ってクルド人を救った緒方さんは世界中の注目を浴びることになりました。

　もう1つの事件を紹介します。1992年3月、旧ユーゴスラヴィア連邦で民族対立が起こり、独立を求めるムスリム人とセルビア人の間で内戦が始まりました。国連難民高等弁務官事務所は空輸によって援助物資を届ける作戦に出たのですが、あまりうまくいかず、緒方さんは人道支援だけを続けるのは不可能だと訴え、国連安全保障理事会に政治的な解決を迫りました。1993年、ムスリム人側が援助物資をボイコットしたのをきっかけに「援助を中止する」と発表したのですが、これが「勝手に決めた」と批判を浴びることになってしまいました。当時の新聞に「緒方は辞めるだろう」と書かれました。その時、緒方さんは「こんなことで辞めるなんて絶対にありえない」と思ったそうです。

　緒方さんは直面する問題に真剣に取り組み、10年間にわたる任務を遂行しました。類まれな決断力ときめ細かい心遣いで、粘り強く交渉を重ね問題を解決していった緒方さんのことを日本人としてとても誇りに思います。

　海外留学をする学生の数が減るなど日本の若者は内向きになっているとよく言われますが、私は自分の周辺から世界に向けて少しずつ関心の輪を広げ、緒方さんのように世界の場で活動したいと思っています。

　これで発表を終わります。ありがとうございました。質問やコメントがあれば、お願い致します。

質疑応答例

質問者：緒方さんの難民への取り組みを興味深く聞きました。私も国際的な問題に関心があります。発表の中に出てきた「難民条約」についてもう少し詳しく話していただけないでしょうか。

回答者：国連難民高等弁務官事務所は「難民条約」に基づいて活動しているのですが、その中に難民の定義が書かれています。「難民とは人種・宗教・国籍・政治的信条などを理由に迫害を受ける恐れがあるため、国外に逃れ自国の保護を受けられない人々」となっています。そのため、緒方さんたちは難民とは定義されない、国内にいながら迫害を受ける危険性がある人々を救うかどうかの決断を迫られたのです。

質問者：ありがとうございます。よくわかりました。

第3課 紹介スピーチ3

──私のおすすめの本──

　第1、2課では「私の好きなもの」や「私の故郷」など、自分と特に関連がある物事について紹介することを目標にしました。この課では少し範囲を広げてみます。

この課で学ぶこと

① 教師や他の学生が興味を持ってくれそうな本を選ぶ

　今まで読んだ本の中で一番印象に残っていて、他の人にも興味を持ってもらえそうな本をリストアップしましょう。心あたりがない場合、話題になっている本の中から探して読みましょう。

② 選んだ理由を考え、まとめる

　スクリプトを考える前に、「なぜその本を選んだのか」を他の人に伝えられるかを考えてみましょう。

　「簡単そうだから」「授業で必要だったから」などではなく、著者や内容への興味を具体的にまとめましょう。

③ もう一度読んで、読書メモを作る

　内容を要約して、特に印象に残っている部分をメモし、なぜ印象に残ったかを考え、読後の意見や感想をまとめましょう。

発表スクリプト例

挨拶

　人文学部情報科学学科1年生の本田淳子と申します。これから、「私のおすすめの本」について発表致します。

序論

　私がおすすめする本は、佐野洋子さんという人が書いた『シズコさん』です。

　この本の著者である佐野洋子さんは、ベストセラーとなった『100万回生きたねこ』の著者として知られています。この本の題名となっている『シズコさん』というのは著者である佐野さんのお母さんの名前です。母親は娘にとってどんな存在なのかということに興味があったので、この本を読んでみたいと思いました。そして、みなさんにもおすすめしたいと思います。

本論①

　この本は佐野さんの家族の歴史をありのままに語ったノンフィクションだと言えます。母親は高級老人ホームに入っており、高い費用を佐野さんが払っているのですが、彼女は「私は母を捨てた」と罪悪感を持っています。母親を見舞いに訪れつつ、母との葛藤、父と兄弟・姉妹の仲など家族の歴史を振り返っていくという話になっています。

　著者は母親を好きではありません。なぜ、著者は母に愛されたいと望みながら、母を好きになれないのでしょうか。それは父親と別れて暮らしている間、虐待を受け続けたからです。4歳の時、母の手を握ろうとして振り払われてから、著者は母親の手に触ることはありませんでした。それが、母がぼけてきて、誰にも決して言わなかった「ありがとう」と「ごめんなさい」を言うようになると、母の体に触ることができるようになります。

本論②

　強情な著者を張り飛ばしたり、おとなしい著者の妹を支配しようとしたり、こんな愛と憎しみが入り混じった激しい感情を持つ母親と娘が存在することに驚きました。かわいがっていた弟が死んだ後、母はすっかり変わってしまい、代わりに死んで欲しかった私がたくましく生きていることに「嫉妬していたのだ」と著者は述べていますが、著者もまた父との関係の中で、母に嫉妬していたのだと思います。「母は私のことを本当は好きなのでは」と望みを持ちつつ、無視し虐待した母をどうしても許せない著者の気持ちが痛いように感じられます。このように話すと暗い悲しい話だと思われるかもしれませんが、ユーモアがいろいろなところに見られ救われます。

結論

　母親とは娘にとってどんな存在なのでしょうか。一番の理解者でありながら時として支配者にもなる存在だと言えるのかもしれません。母親との関係に悩んでいる人も悩んでいない人もこんな母と娘の関係もあるのかと認識を新たにするでしょう。

挨拶

　これで発表を終わります。ありがとうございました。質問やコメントがあれば、お願い致します。

設計図例：前のページの発表スクリプトはこの設計図をもとに考えられています。

××年6月30日		氏名（番号）：本田淳子
タイトル	私のおすすめの本	
序論	本のタイトル　『シズコさん』新潮社、2010	
	著者：佐野洋子 著者の紹介 ●ベストセラーになった『100万回生きたねこ』の著者 なぜ、この本を読もうと思ったのか 母親は娘にとってどんな存在なのかということに興味があった。	
本論①	どのような内容・ストーリーの本か（客観的にまとめる） ●現在、著者の母は高級老人ホームに入っており、長女である著者はそのことに罪悪感を持っている。 ●母との葛藤、父と兄弟・姉妹の仲など家族の歴史を振り返っていく。 ●著者は母のことが好きではない。	
本論②	どのように感じたか ●愛と憎しみが入り混じった激しい感情を持つ母と娘の存在に驚いた。 ●「母は私に嫉妬していたのだ」と述べているが、著者もまた母に嫉妬していたのだと思う。 ●虐待した母を許せない著者の気持ちが痛いように感じられる。	
結論	聞く人に一番訴えたいこと ●母親とは娘にとってどんな存在なのだろうか。一番の理解者でありながら時として支配者にもなる存在と言えるかもしれない。	

発表設計図：この設計図に記入してから、スクリプトを考えましょう。

年　　月　　日	氏名（番号）：
タイトル	
序論	本のタイトル
	著者： 著者の紹介 なぜ、この本を読もうと思ったのか
本論①	どのような内容・ストーリーの本か（客観的にまとめる）
本論②	どのように感じたか
結論	聞く人に一番訴えたいこと

▌発表スクリプトを考えてみましょう。

_____の_____と申します。

　これから、「私のおすすめの本」について発表致します。

　私がおすすめする本は『_____』です。

_____

_____

_____

_____

_____

_____

_____

_____

_____

_____

_____

_____

_____

_____

_____

_____

_____

_____

　これで発表を終わります。ありがとうございました。質問やコメントがあれば、お願い

致します。

セルフチェック

採点基準（100点満点）		ポイント	チェック欄
①	です・ます体	日本語の表現は正確か。	
②	構成	開始・終了の挨拶と、序論・本論・結論からなる構成であるか。5分以内の発表であるか。	
③	客観的な特徴	本の内容を簡潔に説明できているか。不要な繰り返しはないか。	
④	エピソード	本について感じたこと、考えたことなどの感想があるか。	
⑤	明暗・まとめ	最後に他者や未来へと開かれているか。	
⑥～⑩は先生や他の学生の評価も参考にします。			
⑥	わかりやすさ	内容はわかりやすいか。	
⑦	声の大きさ・明確さ	声の大きさはちょうどいいか。発音は明瞭か。	
⑧	話す速さ	話す速さはちょうどいいか（メリハリがあるか）。	
⑨	姿勢（アイコンタクト）	前を向いて、聞いている人の目を見て話している。下ばかり向いて話していないか。	
⑩	伝えようとする気持ち	気持ちを込めて話しているか。原稿を読んでいないか。	
		自己採点	／100点

評価票：先生や他の学生にチェックしてもらいましょう。

口頭発表評価票				
発表日　　　　年　　　月　　　日 発表者の名前 _____			氏名（番号）_____	
評価項目				
内容のわかりやすさ ／10	声の大きさ ／10	話す速さ ／10	姿勢（アイコンタクト） ／10	伝えようとする気持ち ／10
よかった点： 改善すべき点：				

第4課 新聞／雑誌記事紹介

新聞や雑誌の中から記事を1つ選び、要旨をまとめて口頭発表をします。ここでは、他の学生が興味を持つと思われるテーマの記事を選び、情報をわかりやすく発表することを心がけます。

┃この課で学ぶこと

① 記事の内容を読み込む

発表するためにはまず記事の内容を理解することが必要です。知らない言葉や固有名詞の意味を調べたり、質疑応答のために関連する情報を図書館やインターネットで調べておきましょう。

② グループで発表する

第3課までは個人のスピーチでしたが、この課ではグループで発表してみましょう。記事の選択やどのような内容を発表するか話し合って決めます。発表をする人、質問に答える人など役割分担をしてください。発表者は複数にして交代してもかまいません。

③ グループでスクリプトを作成する

設計図に従って発表するスクリプトを作成します。記事のどのような点を取り上げるか、よく話し合いましょう。多様な意見が出て統一できない場合は、各メンバーの意見を紹介してもいいでしょう。

┃ポイント

この課では、「本論」で、記事のなかから気になった部分を引用し、発表しています。引用する時は、データなどの数字を正確に引用するようにしましょう。

「本論」で取り上げた事例について、気になることがあれば調べて、それを付け加えてもいいでしょう。

第4課で紹介している記事は、実際の資料に基づいて作成した、架空の記事です。
もとになっている架空の記事は、ダウンロードすることができますので、「発表スクリプト」「設計図」と照らし合わせてみましょう。

▌発表スクリプト例

挨拶

　これから第3班の発表を始めます。私たちが選んだのは「出生数84.1万人で過去最少」という『毎朝新聞』の2021年6月5日朝刊に掲載された記事です。

序論

　まず、この記事を選んだ理由を1人ずつ述べます。

　松下勇太です。出生数が過去最少、ということが衝撃的で、関心を持ちました。

　田中健です。私が通った小学校も、児童が減って昨年統廃合されたため、少子化が気になっていて関心を持ちました。

　林美知子です。記事の中に法改正など大切な情報があったので関心を持ちました。

本論①、本論②

　次に、記事の内容を紹介します。

　この記事の前半は、厚生労働省が2021年6月4日に発表した令和2年、2020年の人口動態統計の結果について、2020年の出生数が前年より2万4407人少ない84万832人と、過去最少となったことと、婚姻件数も前年より7万3517組少ない52万5490組に急減したことを取り上げています。出生数が減少した最大の原因は、若者の晩婚化・非婚化です。記事に掲載されていた厚生労働省の「婚姻件数及び婚姻率（人口千対）の年次推移」のグラフからも婚姻率の低下がよくわかります。また、この記事は内閣府の『令和3年版　少子化社会対策白書』をもとに、結婚後の夫婦をめぐる問題として経済的要因があることや、男性の家事・育児参画の促進が必要であることにも言及しています。

　記事の後半は、2019年からの「働き方改革」による長時間労働の解消で、夫婦の役割分担に関する変化が期待できることや、2021年6月に改正された「育児・介護休業法」が2022年に施行されると、2023年から大企業では育休取得状況を公表しなくてはならなくなり、子育てしやすい企業を知る手掛かりにもなる、ということが書かれています。山中純子令和大学教授は「結婚したい若者、子どもを産み育てたい若者への経済的支援を充実させ、男女ともに育休を取りやすい仕組みづくりを推し進め、子育てを優先する社会を目指す必要がある」と述べています。

結論

　最後に、この記事を読んで各自、どのように受け止めたか発表します。

　松下勇太です。結婚するかしないかは個人的な問題であると思っていましたが、この記事を読んで、社会的な問題でもあることが理解できました。

　田中健です。さまざまな支援が必要だと感じ、調べた結果、結婚する若者への支援として、住居費用の補助、不妊治療への支援、妊婦健診費用の補助や出産祝い金など各自治体が独自の取り組みを行っていることもわかりました。

　林美知子です。将来の生き方や働き方を考えて、家族、先輩、友人たちと結婚と子育てについても議論していきたいと思いました。

挨拶

　以上で第3班の発表を終わります。ありがとうございました。質問やコメントがあれば、お願いいたします。

設計図例：前のページの発表スクリプトはこの設計図をもとに考えられています。

××年××月××日	
グループ名：第３班 ①氏名（番号）：松下勇太　　　　　（リーダー・質疑応答） ②氏名（番号）：田中健　　　　　　（発表者） ③氏名（番号）：林美知子　　　　　（発表者） ④氏名（番号）：	
記事のタイトル	「出生数84.1万人で過去最少」
掲載雑誌／新聞	『毎朝新聞』（2021年６月５日付朝刊）
序論	この記事を選んだ理由・関心を持った点 ●出生数が過去最少ということが衝撃的で、関心を持った。 ●出身小学校が昨年統廃合され、少子化が気になっていた。 ●記事の中に法改正などの大切な情報があったので、関心を持った。
本論①	記事の前半の内容（記事のなかの具体的な事例の紹介など） ●厚生労働省が2021年６月４日に発表した「令和２年（2020）人口動態統計」によると、出生数は過去最少となった。 ●厚生労働省の「婚姻件数及び婚姻率（人口千対）の年次推移」から婚姻率の低下がわかる。出生数減少の最大の原因は若者の晩婚化・非婚化が進んでいることである。 ●内閣府の『令和３年版　少子化社会対策白書』によると、子育てや教育にお金がかかりすぎることも原因の１つであるということだ。 ●男性の家事・育児参画の促進が必要である。
本論②	記事の後半の内容（記事のなかの具体的な事例の紹介など） ●2019年からの「働き方改革」による長時間労働の解消で、夫婦の役割分担に関する変化が期待できる。 ●2021年６月「育児・介護休業法」が改正され、2023年には、大企業では育休取得状況を公表することが義務付けられる。 ●結婚したい若者、子どもを産み育てたい若者への経済的支援が急務である。
結論	グループの意見・感想 ●結婚するかしないかは個人的な問題であると思っていたが、この記事を読み、社会的な問題でもあることが理解できた。 ●調べた結果、結婚する若者への支援として、住居費用の補助、不妊治療への支援、妊婦健診費用の補助や出産祝い金など各自治体が独自の取り組みを行っていることがわかった。 ●将来の生き方・働き方を考えて、家族・先輩・友人たちと結婚・子育てについても議論していきたい。

▌発表設計図：この設計図に記入してから、スクリプトを考えましょう。

年　　　月　　　日	
グループ名： ①氏名（番号）：　　　　　　　　　　（リーダー・質疑応答） ②氏名（番号）：　　　　　　　　　　（発表者） ③氏名（番号）：　　　　　　　　　　（発表者） ④氏名（番号）：	
記事のタイトル	
掲載雑誌／新聞	
序論	この記事を選んだ理由・関心を持った点
本論①	記事の前半の内容（記事のなかの具体的な事例の紹介など）
本論②	記事の後半の内容（記事のなかの具体的な事例の紹介など）
結論	グループの意見・感想

発表スクリプトを考えてみましょう。

これから「　　　　　　　　　」の発表を始めます。

私たちが選んだのは「　　　　　　　　　　　　　　　　　　　　　　　」

という記事です。

以上で「　　　　　　　　」の発表を終わります。ありがとうございました。

質問やコメントがあれば、お願いいたします。

┃セルフチェック

採点基準（100点満点）		ポイント	チェック欄
①	です・ます体	日本語の表現は正確か。	
②	構成	開始・終了の挨拶と、序論・本論・結論からなる構成であるか。 ５分以内の発表であるか。	
③	客観的な説明	内容は簡潔か。不要な繰り返しはないか。	
④	エピソード	記事の中から適切なエピソードを紹介できているか。 感じたこと、考えたことなどの感想があるか。	
⑤	明暗・まとめ	「興味深かった」というだけでなく多様な角度から分析しているか。 最後に未来や他者へと開いているか。	
⑥〜⑩は先生や他の学生の評価も参考にします			
⑥	わかりやすさ	内容はわかりやすいか。	
⑦	声の大きさ・明確さ	声の大きさはちょうどいいか。発音は明瞭か。	
⑧	話す速さ	話す速さはちょうどいいか（メリハリがあるか）。	
⑨	姿勢（アイコンタクト）	前を向いて、聞いている人の目を見て話しているか。下ばかり向いて話していないか。	
⑩	伝えようとする気持ち	気持ちを込めて話しているか。原稿を読んでいないか。	
		自己採点	／100点

┃評価票：先生や他の学生にチェックしてもらいましょう。

口頭発表評価票				
氏名（番号）＿＿＿＿＿＿＿＿＿＿＿＿＿				
発表日　　　年　　　月　　　日				
発表者の名前 ＿＿＿＿＿＿＿＿＿＿＿＿				
評価項目				
内容のわかりやすさ	声の大きさ	話す速さ	姿勢（アイコンタクト）	伝えようとする気持ち
／10	／10	／10	／10	／10
よかった点：				
改善すべき点：				

第5課 意見の主張
──賛成・反対の意見──

　これまで学んできてスピーチの基礎はできたと思います。第5課では意見の主張、第6課ではディスカッション、第7課ではディベートを学びます。ディベートもディスカッションも、賛否が分かれる事柄について意見を述べる点では同じです。この課では、まず自分の立場を明確にし意見を述べる練習をします。

▌この課で学ぶこと

① 賛否両論に分かれる物事について、自分の立場を明らかにして、意見を述べる

　物事の主観的な好き嫌いではなく、客観的に見て「より有効なのはどちらか」を考えることができるテーマを選び、自分の意見を述べましょう。

② 根拠に基づいて意見を述べる

　賛成・反対どちらの意見を述べる場合でも「なぜそう思うのか」、客観的な根拠を提示しましょう。「なんとなくそう思う」といった理由では説得力に欠けます。
　「賛成」の意見を述べる場合、自分が賛成するほうの意見を、根拠を明確にして支持しましょう。
　「反対」の意見を述べる場合、一方の論の矛盾や根拠の疑問を客観的に指摘しましょう。
　根拠を述べる時は次のように観点を変えるといいでしょう。

　根拠1　「まず」で始めます。一番先に誰もが思い浮かぶ根拠をあげます（実際に起きている問題、状況など）。
　根拠2　「次に」で始めます（実現すれば可能になること、現在の対策の問題、逆の意見への対応など）。
　根拠3　「最後に」で始めます（「そもそも古来〜」、「このままでは将来〜」、「人道的に〜」、「教育的に〜」、「国際的に〜」など、広い視野から見た根拠）。

▌ポイント

　3つの根拠を上げる際、「便利」、「手軽」、「簡単」、のように、似たような根拠を列挙することがないよう、ここでは3つの根拠の性質を指定しました（これは、論理的文章や、討論会の立論などの多くに共通する根拠の出し方を参考にしています）。最後は「以上のことから」で始め、説得力のある文章で締めくくりましょう。

▌賛成・反対の意見を主張するプロセス

【Step 1】　賛成（支持の立場から）意見を述べる

まず、賛成意見を論理的に述べてみましょう。

テーマ１「現行６月に行われる制服の夏服への衣替えについて」

Aさん、Bさんがそれぞれの意見を述べています。

「５月を移行期間にしてはどうか」

多くの職場ではクールビズの期間が５月～10月となり、男性はネクタイやスーツを着用しなくてもよくなった。しかし、中・高校生は暑い日にも冬服を着ており、見るからに暑そうであり、また、実際に暑い。伝統的に衣替えは６月１日からであるが、節電・温暖化などの現状を考え５月を移行期間とすれば、気候に合わせて選ぶことができる。

Aさん

「６月のままでいいのではないか」

明治６年に太陽暦が採用されて以来、日本では６月１日が衣替えと定められてきた。「衣替え」は年中行事の１つであり、その日に一斉に制服が変わるというのは、見た目にも見事で、気分も一新される。たしかに、気候に合わずつらいと感じる日もあるが、例外が禁止されているわけではないのだから、基本は変えなくてもいい。

Bさん

Step2　一方の意見から主張とその根拠を取り出す

ここではＡさんの意見を見てみましょう。

> ### Ａさんの主張
> 衣替えは6月だが、現状を考えて学校でも5月から段階的に始めるべきだ。
>
> ### Ａさんの根拠
> ① 職場では、クールビズ期間が5月から始まる。
> ② 学校では衣替えの開始を6月としているが、現状に合わない。
> ③ 5月を移行期とすれば気候に合わせて各自が冬服か夏服かを判断できる。

Ａさんを支持する意見を論理的に展開すると次のようになります。

　私はＡさんの「5月を衣替えの移行期間にする」という意見に同意します。

　Ａさんは、学校の制服も5月から衣替えを開始すべきだとして、「学校での衣替えは6月1日からだが、現状を考えて5月を移行期間とするのがいいのではないか」と述べています。

　この論理には矛盾がなく賛成できます。なぜなら、衣替えを6月1日からとしているのは習慣であり、特に科学的な根拠があるわけではないからです。

　Ａさんが挙げている根拠を取り上げ、詳しく見ていきたいと思います。

　まず、「職場では5月からクールビズが始まる」と述べています。これは節電の問題や温暖化によって気温が上昇しつつあることから考えて合理的な判断であり、学校もこれに合わせることに何の不都合も生じないと考えます。

　次に、「6月1日から夏服に替えるというのは、気候に合わない」と述べています。5月の晴れた日に暑そうにボタンをはずし、前をはだけたまま通学する中・高校生たちを見かけることがあります。全国一律に6月1日から夏服に衣替えする必要性はないと思われます。

　最後に、「5月を移行期とすれば気候に合わせて各自が判断して決めることができる」と述べています。確かに日本列島の東から西まで同じ気候ではないし、寒がりの人もいれば暑がりの人もいるでしょう。5月を移行期にすれば気候と体調に合わせて冬服にするか夏服にするかを判断することができます。

　以上の理由から、私はＡさんの「5月を衣替えの移行期間にする」という意見に同意します。

Step 3　Bさんに賛成する意見を論理的に展開する

Bさんを支持する立場になったとします。Bさんの意見に賛成してみましょう。

　　私はBさんの「衣替えは6月のままでいいのではないか」という意見に同意します。

　　Bさんは、学校の制服の衣替えは6月のままでよいとして、

_____

_____

と述べています。

　　この論理には矛盾がなく賛成できます。なぜなら、

_____

_____

からです。

　　Bさんが挙げている根拠を取り上げて、詳しく見ていきたいと思います。

　　まず、

_____

_____

_____

　　次に、

_____

_____

_____

　　最後に、

_____

_____

_____

　　以上の理由から、私はBさんの「衣替えは6月のままでいいのではないか」という意見に同意します。

Step 4 　反対（不支持の立場から）意見を述べる

次に反対意見を論理的に述べてみましょう。

テーマ１「小学校の朝読書の時間に漫画を読むことについて」
小学校では朝の10〜30分間を利用した「朝読書」の時間を設けている学校が多い。

Cさん、Dさんがそれぞれの意見を述べています。

「朝読書に漫画を認めてよい」

朝読書は、活字に慣れ親しむことができ、また、学校に到着してから教室の席に落ち着いて座るという移行を円滑にする。クラスの児童にはさまざまな学力の違いがあり、漫画なら読めるが本は難しいと感じる児童もいる。また、漫画と言っても近年の日本の漫画には勉強になるものも多い。漫画しか読まなかった児童が、朝読書を続けていくなかで少しずつ難しい本が読めるようになる可能性もある。教師が、それぞれの児童に声をかけ、多様な読書をうながすことが大切である。

Cさん

「朝読書に漫画を認めるべきではない」

漫画は大人がうながさなくても児童は勝手に読む。朝読書は、教師がいて、子どもに多様な読書をすすめることができる貴重な時間である。朝読書を、学級文庫にある本だけに限定している学校もある。そのような場合、普段自分だけでは手に取らないような本に出会い、読みにくくても少し無理して読むうちに、わかるようになる。朝読書の時間を少し背伸びさせる時間にすることで、児童の世界を広げることもできるだろう。漫画は放っておいても読むのである。貴重な体験である朝読書の場では、認めるべきではない。

Dさん

Step 5　Cさんの意見から主張とその根拠を取り出す

ここでは、Cさんの意見を見てみましょう。

Cさんの主張
小学校の朝読書に漫画を読んでもいいようにすべきだ。

Cさんの根拠
① 児童にはさまざまな学力差がある。
② 勉強になる漫画も多い。
③ 教師が少しずついろいろな本に児童を導けばいい。

Cさんを支持しない意見を論理的に展開すると次のようになります。

　私はCさんの「小学校の朝読書に漫画を認めてもよい」という意見に同意できません。
　Cさんは、朝読書に漫画を認めてよいとして、「漫画しか読まなかった児童が、朝読書を続けていくなかで少しずつ難しい本が読めるようになる。教師が、それぞれの児童に声をかけ、多様な読書をうながすことが大切である」と述べています。
　しかし、この論理には矛盾があります。なぜなら、Cさんも、多様な読書をうながす必要性を感じながら、漫画には妥協しているからです。
　Cさんが挙げている根拠を取り上げて、詳しく見ていきたいと思います。
　まず、児童にはさまざまな学力差があると述べています。それならば、漫画以外でも簡単に読める本もあることになるため、これは漫画を認める必要性の根拠としては不十分です。
　次に、勉強になる漫画も多いと述べています。たしかに、勉強になる漫画は多いですが、短い朝読書の時間に読まなくても、児童たちは時間を見つけて自分たちで読むと思われます。教室の朝読書に認めるほどの根拠にはなりません。
　最後に、教師が少しずつ、いろいろな読書をうながせばいい、と述べていますが、漫画を最初から認めないほうがうながしやすいのではないでしょうか。漫画が選択肢にあることで、逆に児童が活字の本に近づきにくくしていると言えます。
　以上の理由から、私はCさんの「小学校の朝読書に漫画を認めてもよい」という意見に同意できません。

Step 6　Dさんに反対する意見を論理的に展開する

Dさんに不支持の立場になったとします。Dさんの意見に反対してみましょう。

　私はDさんの「朝読書に漫画を認めるべきではない」という意見に同意できません。

　Dさんは、朝読書に漫画を認めるべきではないとして、

_____

_____

と述べています。

　しかし、この論理には矛盾があります。なぜなら、

_____

_____

からです。

　Dさんが挙げている根拠を取り上げて、詳しく見ていきたいと思います。

　まず、

_____

_____

_____

　次に、

_____

_____

_____

　最後に、

_____

_____

_____

　以上の理由から、私はDさんの「朝読書に漫画を認めるべきではない」という意見に同意できません。

Step 7　自分の意見を述べる

クラスのグループ、新聞・雑誌などからさまざまな立場の意見を読み／聞き、それに対する自分の賛成・反対の意見を述べましょう。

　　私は「　　　　　　　　　　　　　　」という意見に
「　　　　　　　　　　　　　　　　　　　　　　　　　　　　　　」。
「　　　　　　　　　　　　　　　　　　　」として、
「＿＿＿＿＿＿＿＿＿＿＿＿＿＿＿＿＿＿＿＿＿＿＿＿＿＿＿＿＿＿
＿＿＿＿＿＿＿＿＿＿＿＿＿＿＿＿＿＿＿＿＿＿」　と述べています。

　　この論理には「　　　　　　　　　　　　」。なぜなら、
＿＿＿＿＿＿＿＿＿＿＿＿＿＿＿＿＿＿＿＿＿＿＿＿＿＿＿＿＿＿＿＿
＿＿＿＿＿＿＿＿＿＿＿＿＿＿＿＿＿＿＿＿＿＿＿＿＿＿＿＿＿＿＿＿

からです。
　　「　　　　　　　」が挙げている根拠を取り上げて、詳しく見ていきたいと思います。
　　まず、
＿＿＿＿＿＿＿＿＿＿＿＿＿＿＿＿＿＿＿＿＿＿＿＿＿＿＿＿＿＿＿＿
＿＿＿＿＿＿＿＿＿＿＿＿＿＿＿＿＿＿＿＿＿＿＿＿＿＿＿＿＿＿＿＿
＿＿＿＿＿＿＿＿＿＿＿＿＿＿＿＿＿＿＿＿＿＿＿＿＿＿＿＿＿＿＿＿

　　次に、
＿＿＿＿＿＿＿＿＿＿＿＿＿＿＿＿＿＿＿＿＿＿＿＿＿＿＿＿＿＿＿＿
＿＿＿＿＿＿＿＿＿＿＿＿＿＿＿＿＿＿＿＿＿＿＿＿＿＿＿＿＿＿＿＿
＿＿＿＿＿＿＿＿＿＿＿＿＿＿＿＿＿＿＿＿＿＿＿＿＿＿＿＿＿＿＿＿

　　最後に、
＿＿＿＿＿＿＿＿＿＿＿＿＿＿＿＿＿＿＿＿＿＿＿＿＿＿＿＿＿＿＿＿
＿＿＿＿＿＿＿＿＿＿＿＿＿＿＿＿＿＿＿＿＿＿＿＿＿＿＿＿＿＿＿＿
＿＿＿＿＿＿＿＿＿＿＿＿＿＿＿＿＿＿＿＿＿＿＿＿＿＿＿＿＿＿＿＿

　　以上の理由から、私は「　　　　　　　　　　　　」という意見に
「　　　　　　　　　　　　　」。

第6課　ディスカッション

　4〜5人のグループに分かれて共通のテーマについて意見交換を行い、最後にグループとしての意見にまとめます。B4サイズ程度の厚めの用紙を用意して、各自から出されるアイディアをマッピングした後、取捨選択をしていきまとめましょう。

┃ この課で学ぶこと

① ディスカッションの流れを決める

　ディスカッションは、賛否を問うテーマでも、問わないテーマ（発表会の演目、ディベートのテーマを決めるなど）でも自由です。それぞれの立場の人が、相手の意見をお互いに理解し合いながら討論し、そのやりとりのなかで、「ではどうしたらいいか」を考えていくもので、議決するというより理解を深め合う意見交換に適しています。

　進行役・発表者を事前に決めておき、参加者は自由に発言し、出されたアイディアをマッピングしていきましょう（B4サイズ程度の厚めの用紙を用意して直接書く、大判の付箋紙に書いて貼り付ける、などの方法が適しています）。

② ディスカッションのルールを知る

　進行役は時間を見ながら結論の方向へ持っていくよう流れを調整していきましょう。

　時間内に意見をまとめ、発表者は話し合った結果を全体の前で発表します。

　参加者の1人が話している時は、話し終わるまで待って次の発言をするなどのルールを守りましょう。1人がいつまでも発言しているような場合は、進行役が調整するようにしましょう。

　最後にグループの意見を発表する時は、発表者が発表した後で、グループの参加者が補足説明することも可能です。

　他のグループの参加者から質問が出た場合は、発表者以外が答えることも可能です。

③ 議論に積極的に参加する

　テーマについて「どちらでもいい」ではなく、自分の意見を出しましょう。扱うテーマは身近な問題から徐々に外へと範囲を広げていきましょう。高校の制服・大学の秋入学・身の上相談の回答案・ディベートの論題決めなどが挙げられます。アイディアをマッピングしていく手法は、社会人になっても少人数の打ち合わせなどに応用できます。

「高校の制服に賛成か反対か」をテーマにしたディスカッション例

Step 1　メリット（いい点）、デメリット（悪い点）を挙げマッピングしていく

マッピング例

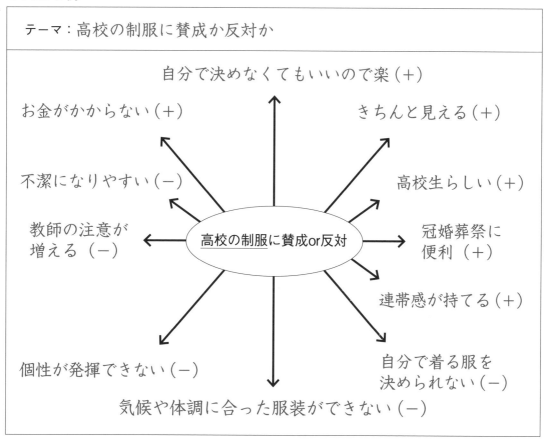

テーマ：高校の制服に賛成か反対か

自分で決めなくてもいいので楽（＋）

お金がかからない（＋）

きちんと見える（＋）

不潔になりやすい（−）

高校生らしい（＋）

教師の注意が
増える（−）

高校の制服に賛成or反対

冠婚葬祭に
便利（＋）

連帯感が持てる（＋）

個性が発揮できない（−）

自分で着る服を
決められない（−）

気候や体調に合った服装ができない（−）

Step2　グループのメンバーそれぞれ、賛成か反対かを表明し、マッピングの中からその理由をまとめる

■ディスカッション設計図例

××年6月15日			グループ名：A
メリットと デメリット	メリット		デメリット
	①お金がかからない ②自分で決めなくていいので楽 ③冠婚葬祭に便利 ④きちんと見える ⑤高校生らしい ⑥連帯感が持てる		①個性が発揮できない ②自分で服を決められない ③気候・体調に合わせにくい ④制服に関する校則が細かい ⑤教師の注意が増える ⑥不潔になりやすい
氏名（番号）：天野真樹	反対		デメリット①、②
氏名（番号）：田中健一	賛成		メリット①、④、⑤
氏名（番号）：松本祐子	反対		デメリット④、⑤
氏名（番号）：須藤亮太	？		メリット②、③デメリット③、⑥

Step3　グループ内でディスカッションをし意見をまとめ、グループとして「賛成」か「反対」かを決める

テーマについて自分の意見を発言してみよう

テーマ　高校の制服に賛成か反対か　　　　　氏名（番号）：天野真樹
自分の立場　　賛成　・　(反対)　（どちらかに○をつける）
自分が主張したい理由 個性が発揮できない、自分で服を決められない
相手（自分と逆の意見の人）が主張すると思われる理由 お金がかからない
相手の主張への反論 工夫次第ではお金をかけないでおしゃれをすることができる

Step 4　各グループの発表者が結果を発表する

ディスカッション結果発表スクリプト例

　高校の制服について、私たちAグループではどちらかというと反対だという結果になりました。服装も個性の自己表現の1つだという理由からです。

　たしかに、制服は全員揃っているので整って見えます。私服より費用がかからず、冠婚葬祭などの正式な場にも着て行くことができ、便利です。

　しかし、高校時代は自分の個性を見つめる時期で、着て行く服装を考えることは自己表現のよい練習になります。制服があると「服装違反」という概念も生まれますが、私服であれば違反にはなりません。また、私服の場合は、Tシャツやフリースなど、着心地がよく温度調節がしやすい服を着ることもできます。

　これらのことから、やはり私たちAグループは制服には反対です。グループ内で「制服が着たい」という意見もありましたが、全員に同じものを強制するのは高校生には必要なく、制服を着る自由も着ない自由も保障されるべきだ、という点で意見はまとまりました。

　これから高校選びをする人たちは、私服か制服か、校風も含めて学校選びの参考にして、それぞれが納得できる高校に行けばいいと思います。

これらのマップや設計図を使ってディスカッションをしましょう。

テーマ
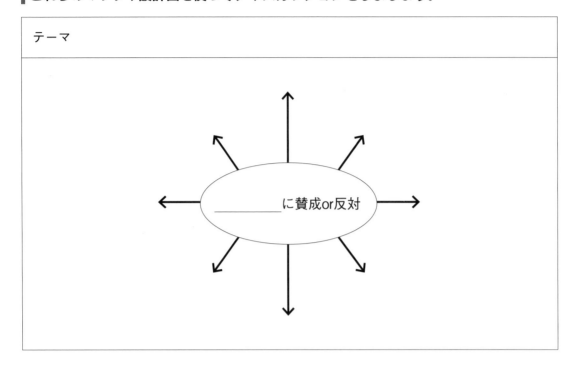

年　　月　　日		グループ名：
メリットと デメリット	メリット	デメリット
	①	①
	②	②
	③	③
	④	④
	⑤	⑤
	⑥	⑥
氏名（番号）：		
氏名（番号）：		
氏名（番号）：		
氏名（番号）：		

氏名（番号）：
テーマ
自分の立場　　賛成　・　反対　　（どちらかに◯をつける）
自分が主張したい理由
相手（自分と逆の意見の人）が主張すると思われる理由
相手の主張への反論

応用問題

次の賛否に分かれる議題から1つ選び、グループでディスカッションしましょう。
① 子連れ出勤（通学）
② 大学の秋入学導入

賛否に分かれないテーマのディスカッションもしてみましょう。
③ 大学内で喫煙したい人はどうしたらいいか。
④ 次の課のディベートの論題を何にするか。

ディベート

4～5人のグループに分かれてテーマ（論題）を決め、資料・データを収集し、立論・反論の技法を学びます。

この課で学ぶこと

① ディベートの論題の種類

ディベートの論題には次のようなものがあります。

価値論題：価値判断を議論の対象とする論題（議論に慣れることを目的とするのに適する）

政策論題：政策の有効性を議論の対象とする論題（論理的に議論することを目的とするのに適する）

② 自分（たち）の意見を主張するために、相手の主張をよく聞く・予想する

ディベートは相手を負かす技術だと考えている人がいますが、そうではありません。

ディベートを通じて、より説得力がある議論を展開するにはどうすればいいかを学んだ結果、双方の合意点を見出していくプロセスを理解することができます。

③ 自分（たち）の意見（立論）、相手の反論を組み立てる

社会人になれば他者との交渉、つまり他者との合意点をどこに見つけるかが重要になってきます。ここで学ぶ「立論・反論の組み立て」は、仕事の割り振り、価格の交渉などさまざまなシーンで役に立つでしょう。

┃ディベートのプロセス

1　テーマ（論題）を決める
公的で二項対立するテーマを選び、賛成・反対の2チームに分かれます。

2　文献・資料・データを収集し分析する
テーマに関する文献・資料・データを集め（図書館・インターネットを活用しましょう）、議論に必要となる重要な部分を要約しておきます。自分たちの主張の論拠とするデータを読み取り、文献から専門家の意見を取り出してまとめておきます（発表する際には、引用部分を明確にします）。

3　アイディアをマッピングする
文献・資料に基づいて、進行役がアイディアをマッピングしていきます。最後に説得力のある根拠を3つに絞りましょう。

4　論理を構成する（①立論・②反論）
チームA、チームBに分かれて、それぞれ計画を立てます。
① 3つの根拠に基づいて立論を組み立てます。この3点が質疑応答、反論の際の論点になります。
② 相手チームの立論を予想し、反論を考え準備します。

5　ディベートマッチ
ルールにのっとりディベートマッチをします。

┃「夫婦別姓」を論題にしたディベート例

Step 1　文献・資料・データを収集し分析する

肯定側・否定側がどのように論を展開していけばいいか、どのような文献・資料を収集すればいいかを表にまとめてみましょう。

	肯定側	否定側
法律ではどのようになっているか	文献・資料 ・民法750条	文献・資料 ・民法750条
現状はどうなのか	・97%が男性の姓を選択している。 ・通称使用。	・97%が男性の姓を選択している。 ・通称使用。
問題点は何か	問題は深刻であることを主張する。	現状のままで大きな問題はないことを主張する。
「夫婦別姓になった」場合、問題は解決するのか	問題は解決することを主張する。	新たな問題が生じることを主張する。
メリットはどんなことか	・男女不平等の解消	・家族の一体感
デメリットはどんなことか	・新しい戸籍制度で混乱はないか。	・改姓するほうが一方的に不利
論拠としてどのような文献・資料・データを準備するか	・内閣府による世論調査	・内閣府による世論調査

Step 2 チーム内で出たアイディアをマッピングする

マッピングをし、出てきたアイディアの中から、説得力のある根拠を3点に絞ります。

Aチーム＝賛成の場合のマッピング例

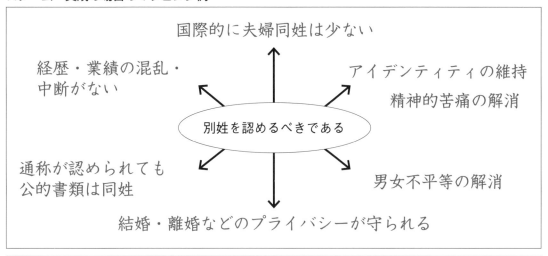

別姓に賛成の根拠　　1　アイデンティティの維持
　　　　　　　　　　2　経歴・業績の混乱・中断がない
　　　　　　　　　　3　不平等の解消

Bチーム＝反対の場合のマッピング例

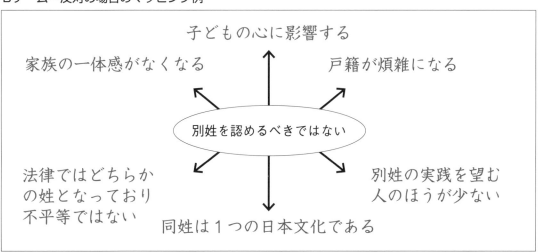

別姓に反対の根拠　　1　家族の一体感がなくなる
　　　　　　　　　　2　子どもにとって悪い影響がある
　　　　　　　　　　3　戸籍が煩雑になる

Step3 論理を構成する（①立論・②反論）

① 自分たちの立場から立論する

マッピングで出たアイディアをもとに、自分たちのチームの主張をまとめましょう。

■「賛成」の場合の立論設計図例

立論の根拠
1　アイデンティティの維持 2　経歴・業績の混乱・中断がない 3　不平等の解消

主張	私たちのチームは「夫婦別姓を認めるべきだ」と主張します。 その根拠として３点挙げたいと思います。
根拠①	まず、「アイデンティティの維持」ということが挙げられます。 （論拠を示して詳しく述べていく）
論拠① 内閣府による世論 調査（平成29年 12月）	自分が生まれた時から馴染んでいる名前が、改姓によって違うものになってしまうと、自分が自分でなくなってしまった、よりどころを失ってしまった、と感じる人は多いです。別姓ならそのような問題は起きません。
根拠②	次に「経歴・業績の混乱・中断がない」ということが挙げられます。 （論拠を示して詳しく述べていく）
論拠②	改姓すると旧姓で積み上げてきた業績や経歴が、説明しなくてはその人のものだと理解されない可能性があります。別姓になると、そのような不都合が生じることはありません。
根拠③	最後に「不平等の解消」ということが挙げられます。 （論拠を示して詳しく述べていく）
論拠③	男性でも女性でもどちらかが、改姓による不便さに耐えなければいけないのは不平等です。別姓になると一方だけが不利になることはありません。
	以上のことから、私たちのチームは「夫婦別姓を認めるべきだ」と主張します。

② 質問・反論の準備をする

自分たちのチームの立論を考えた時と同じように、メンバーのアイディアを進行役がマッピングして
いき、相手チームの立論の根拠を想定しておきます。

┃Aチームによる相手チーム（「反対」の立場のBチーム）の立論予想マップ

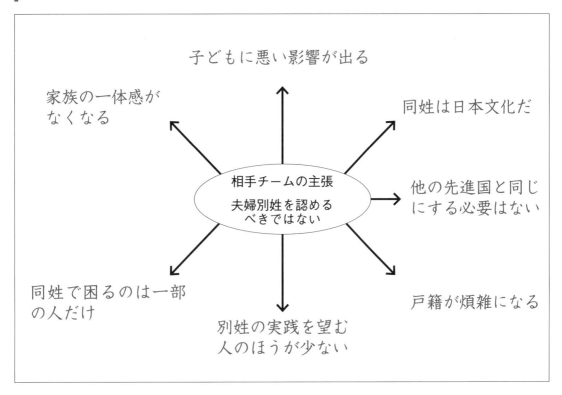

子どもに悪い影響が出る

家族の一体感が
なくなる

同姓は日本文化だ

相手チームの主張
夫婦別姓を認める
べきではない

他の先進国と同じ
にする必要はない

同姓で困るのは一部
の人だけ

別姓の実践を望む
人のほうが少ない

戸籍が煩雑になる

立論の根拠を想定してみましょう

1 _____

2 _____

3 _____

③ 相手の立論への反論を想定する

反論シートに自分たちが想定した相手チームの立論の根拠を書き、相手チームへの反論を準備します。

■「夫婦別姓」に賛成の立場のAチームによる、反論シートの例

相手チームの立論を想定	相手チームへの質問・反論
立論の根拠① 家族の一体感がなくなる	片方だけが改姓という不平等を我慢してまで家族の一体感を得る必要はあるか。 姓が異なれば一体感が得られないほど、家族の結びつきは弱くないのではないか。 国際的に見て別姓の流れにあるのは別姓のメリットのほうがデメリットを上回っているからではないか。
立論の根拠② 子どもに悪い影響がある	生まれた時から夫婦別姓の環境で育った子どもは、特に家族の中で疎外感を抱くことはないのではないか。
立論の根拠③ 戸籍が煩雑になる	現行の制度を変える時には多少の混乱はあるかもしれない。しかし、別姓制度の国では別姓の戸籍制度が整備されている。新たなシステムが確立すれば、問題はないのではないか。

④ 相手チームからの質問・反論を想定する

反論シートに相手チームからの質問・反論を想定し答えを準備します。

▌Bチーム（「夫婦別姓」に反対）からの反論と
答えを想定したAチームによる反論シートの例

相手チームからの質問・反論を想定	答えを準備
質問・反論① 「アイデンティティの維持」に対して ↑ 確かに結婚で姓が変われば、生まれた時から馴染んだ名前ではなくなるが、新たなパートナーを得て新たなアイデンティティを作りあげていくと考えればいいのではないか。同姓により、家族の絆は強くなり、家族のアイデンティティも確立できる。	アイデンティティというのは「他の何者でもない自分の存在」ということで、新たなアイデンティティや家族のアイデンティティというのは、言葉のごまかしに過ぎない。今までの自分が失われてしまったような感覚を持つ人は男女を問わず少なからずいる。別姓制度が導入されれば、それがなくなる。
質問・反論② 「経歴・業績などの中断がない」に対して ↑ 確かに最初は混乱するだろう。ただ、この中断で実際に混乱するケースは少ない。ペンネームの使用や旧姓併記など、これまでも多くの人が中断しないように工夫して来た。それを続ければいいのでは。	かつては一部の人たちの問題だったかもしれないが、現在は専業主婦よりも仕事を持つ既婚女性のほうが多い。キャリアの中断に加えて、結婚・離婚・再婚したことが伝わってしまうというプライバシーの問題も生じる。
質問・反論③ 「不平等の解消」に対して ↑ 夫婦同姓の場合、夫婦のどちらかが改姓する不平等があるが、夫婦別姓の場合にも、子どもと同じ姓になれない不平等を夫婦のどちらかが感じることになるだろう。	民法750条では、男女どちらかの姓に統一すると規定されているが、97%の人は男性の姓を選んでいるのが現実だ。明らかに女性に負担が多く、一方的に不利益を被っていると言えるのではないか。親子間での姓の違いはどちらかが一方的に不利益になることはないのではないか。

Step4 ディベートマッチ

① 次の時間配分で進行していきます。教師（学生も可）が進行役を務め、ディベートマッチに参加しないチームのメンバーが判定者となります。主にどちらのチームの主張がより説得力があったかで判定します。事前に判定基準をよく読んで理解しておきましょう。

　クラスを複数のグループに分け、くじやじゃんけんなどで賛成チーム・反対チームを決めます。両チームの代表がじゃんけんをし、勝ったほうが先攻・後攻を選びます。

② 両チームとも根拠を板書しておきます。

Aチーム立論3分 → Bチーム立論3分 → 作戦タイム4分

BチームからAチームへ質問・反論8分 → AチームからBチームへ質問・反論8分 →

作戦タイム3分

Aチーム最終弁論3分 → Bチーム最終弁論3分

③ 終了後、判定者（ディベーター以外の学生）は点数とコメントを記入して提出します。
その場で集計して勝敗を発表してもいいし、時間の都合によっては次回に発表してもいいでしょう。

ルール
① 「質問・反論」で発言する際は挙手し、指名を受けてから発言する。
② 相手チームの「質問・反論」には必ず答えなくてはならず、逆質問をしてはいけない。
③ 「質問・反論」で、20秒経過しても答えられない場合は、次の「質問・反論」に移る。
④ 「最終弁論」で新しい根拠を加えてはいけない。
⑤ 発言する際は立って発言する。

ディベートマッチ判定表

論題＿＿＿＿＿＿＿＿＿＿＿＿＿＿＿＿＿＿

判定者　氏名（番号）

	評価の観点	チーム名 （　　　　）	チーム名 （　　　　）
立論	① 論理的な組み立てか ② 言葉が明確か ③ 話す態度はよいか（アイコンタクト・姿勢）	1 2 3 4 5	1 2 3 4 5
質問・反論	① 質問の意図が明確か ② 反論として有効か ③ 感情的ではないか ④ メンバー同士が協力しているか	1 2 3 4 5	1 2 3 4 5
質問・反論への 答え	① 質問にきちんと答えたか ② 説得力があるか ③ 感情的ではないか ④ 回答者が偏っていないか	1 2 3 4 5	1 2 3 4 5
最終弁論	① 論理的な組み立てか ② 言葉が明確か ③ 話す態度はよいか（アイコンタクト・姿勢） ④ 質問・反論の結果が活かされているか	1 2 3 4 5	1 2 3 4 5
資料	① 資料を用意しているか ② 資料を有効に使っているか	1 2 3 4 5	1 2 3 4 5

コメント

チーム名

チーム名

これらのマップや設計図を使ってディベートをしましょう。

	肯定側	否定側
法律ではどのようになっているか	文献・資料	文献・資料
現状はどうなのか		
問題点は何か		
「　　　　　」場合、問題は解決するのか		
メリットはどんなことか		
デメリットはどんなことか		
論拠としてどのような文献・資料・データを準備するか		

論題	

根拠	1 _____
	2 _____
	3 _____

主張	私たちのチームは「　　　　　　　　　　」と主張します。
	その根拠として３点挙げたいと思います。
根拠① 論拠①	まず、「　　　　　　　　　　　　　　」ということが挙げられます。
根拠② 論拠②	次に「　　　　　　　　　　　　　」ということが挙げられます。
根拠③ 論拠③	最後に「　　　　　　　　　　　　」ということが挙げられます。
	以上のことから、私たちのチームは「　　　　　　　　」と主張します。

相手チームの主張

相手チームの立論の 根拠を想定	1 ＿＿＿＿＿＿＿＿＿＿＿＿＿＿＿＿＿＿＿＿
	2 ＿＿＿＿＿＿＿＿＿＿＿＿＿＿＿＿＿＿＿＿
	3 ＿＿＿＿＿＿＿＿＿＿＿＿＿＿＿＿＿＿＿＿

相手チームの立論を想定	相手チームへの質問・反論
立論の根拠①	
立論の根拠②	
立論の根拠③	

相手チームからの質問・反論を想定	答えを準備
質問・反論① 「　　　　　　　　　　　　」に対して	
質問・反論② 「　　　　　　　　　　　　」に対して	
質問・反論③ 「　　　　　　　　　　　　」に対して	

応用問題

次のような論題でディベートをしてみましょう。

価値論題

　都会より田舎暮らしがいい（住むなら都会がいいか田舎がいいか）

　制服がいいか私服がいいか

　早婚がいいか晩婚がいいか

　親と同居がいいか別居がいいか

政策論題

　サマータイム制を導入すべきだ

　環境税を導入するべきだ

　外国人在住者に参政権を認めるべきだ

　○○にカジノを建設するべきだ（○○のカジノ建設に賛成か反対か）

　大学は秋入学を実施すべきだ（秋入学に賛成か反対か）

第8課 プレゼンテーション

──アンケート調査結果発表──

　アンケート調査を実施し、その結果についてプレゼンテーション（プレゼン）をします。調査結果やその考察をわかりやすく伝えること、プレゼンのマナーを学びます。

┃ この課で学ぶこと

　自分たちが取り組んできたテーマに関するアンケート調査をすることは、多様な観点から物事を考える大きな学びになります。

　この課はグループワークで取り組むように作成されていますが、少人数グループ、ペアワーク、個人でも取り組むことができます。

① アンケートの質問と選択肢を作る

　「質問」を立てるということは、より深く考えることにつながります。ここでは「質問」を通して多様な角度から調査できるように、「6つの質問」と「それぞれ4つの選択肢」を考えます。

② 質問の動機を明確にし、予想を立てる

　自分が出した「問い」でどんなことがわかるかを考え、また、知りたいことのためにどんな「問い」が有効かを考えましょう。質問が用意できたら、アンケート調査結果の予想を立てましょう。予想と違った時にはぜひ、周囲の人にインタビューをしてみましょう。多くの気づきが得られます。

③ 結果を考察する

　アンケートを集計し、結果が出たら、なぜそのような結果になったか考察しましょう。結果が男女で大きく違う場合も、ほとんど変わらない場合もあります。また、世論調査やメディアに掲載されている同様のアンケート結果と比較すると、大学生である自分たちとの違いが見えてきます。

④ アンケートの結果を発表する

　マイクロソフト社のソフト「PowerPoint」などのプレゼンツール（板書やフリップ、ハンドアウト等でも可能）を使用して、調査のテーマや方法の説明、アンケート調査結果報告、結果についての考察を発表します。

発表

┃プレゼンテーション（プレゼン）の流れ

1　テーマを決める

　　第1部第4課や第2部第5課などで取り組んだテーマに関連させるとより深い学びになります。

2　アンケートの6つの質問を考える

　　ディスカッション、ディベートをした経験をもとに、バランスよく多様な質問を作成しましょう。

3　アンケートの質問をシェアし、質問の4つの選択肢を考える

　　グループでそれぞれ質問を考える時は、質問が重複しないように分担しましょう。

4　アンケートを実施する

　　アンケート用紙を配り、回答を集めます。

5　結果を集計する

　　結果をまとめます。様々な回答者がいる場合、性別や年齢などで分けましょう。

6　プレゼン資料作成

　　発表の時に資料を提示する際には、「PowerPoint」を使用することが多いです。アンケート結果は円グラフにまとめるとわかりやすくなります。円グラフは「PowerPoint」で作成できます。

7　スクリプトを考える

　　どうしてその質問をしようと考えたか、調査結果、結果の考察などを盛り込みましょう。

　　提示する資料は「だ・である体」で作成しますが、発表の際には「です・ます体」で話します。

8　プレゼンテーションをする

　　グループでプレゼンする場合は、進行係や「PowerPoint」担当係など、発表の分担を決めて、流れを確認しながら練習しましょう。登壇のしかた、最初と最後の挨拶やお辞儀など、聞き手への効果を考えて練習して、本番にのぞみましょう。

▌アンケート実施方法

1　6つの質問を考える

　テーマへの関心を問うもの、具体的な経験（回数、頻度、時期、場所など）を問うもの、賛否を問うもの、他にも男女の違いが出そうな質問や、新聞記事などに紹介されている数値と、学生の数値とでは違いが出そうな質問を考えるといいでしょう。このように様々な角度から調べるためには最低でも6つの質問が必要です。

　「第○問で…と答えた人だけ回答」というような質問は、回答者が100人以下などの場合は推奨しません。また、「どんな～がありますか」のような記入型の質問は集計が大変で、結果をまとめにくいので避けましょう。

2　4つの選択肢を考える

　四択は回答を分析するのに非常に適しています。例えば、「支持できる・やや支持できる・あまり支持できない・支持できない」、「大・中・小・その他」、「0回・約5回・約10回・15回以上」、「週0～1日、週2～3日、週4～5日、週6～7日」、「A・B・C・D」のように、回答しやすい4つの選択肢を考えましょう。

3　アンケート実施

　アンケート用紙を配布、説明し、記入されたものを回収します。アンケートへの回答を依頼する時には、課題作成の調査以外の目的では使用しないということ、プライバシーは厳守することなどをしっかり伝え、時間を割いてもらうことに対してきちんとお礼を伝えましょう。アンケート用紙を回収する時には、記入漏れがないか、未記入の項目がないか確認し、「その他」という選択肢がある場合は、具体的に内容も記入してもらいましょう。

▌ポイント

オンラインアンケートツールの問題点

　アンケートを手軽に作成し、回答を依頼できるサイトが増えています。たしかに時間や手間や費用が短縮できる便利なツールですが、プライバシーが守られない、対面ではないため信頼性に欠けるなど、気をつけなくてはいけない点も多く、この課では推奨しません。

　もし利用する場合は、自己紹介、アンケートの用途の説明、お願いする言葉などを丁寧に書いた依頼状やメッセージをアンケートとは別にきちんと添付しましょう。

アンケート質問用紙の例

回答者性別は、個別の事情に対応しましょう。回答は、未回答のないように、必ず選択肢のどれかを選び、選択肢の番号を赤丸で囲うよう指示しましょう。質問3の「④その他」を選んだ人には、内容を（　　）内に記入するよう指示しましょう。

A班「夫婦別姓」について 回答者性別（　男　・　女　）
質問1　夫婦別姓の議論のニュースを見聞きしたことがありますか。 　　①ない　　　　②聞いたような気がする　　　　③ある　　　　④よくある
質問2　日本のように夫婦同姓制度の国は世界にどのくらいあると思いますか。 　　①約15カ国　　　　②約10カ国　　　　③約5カ国　　　　④1カ国（日本だけ）
質問3　もし結婚するならば、どちらが改姓するか話し合いますか。 　　①話し合わない　　　　②話し合うかもしれない　　　　③話し合う 　　④その他（　　　　　　　　　　　　　　　　　　　　　　　）
質問4　夫婦同姓は家族の絆を強くすると思いますか。 　　①思う　　　　②やや思う　　　　③あまり思わない　　　　④思わない
質問5　次の制度の中で、一番いいと思うものはどれですか。 　　①選択的夫婦別姓（結婚後にどちらの姓を使用するかそれぞれ選べる） 　　②結合姓（例：佐藤鈴木太郎）　　　③夫婦別姓　　　　④夫婦同姓
質問6　夫婦別姓を認めることについて賛成しますか。 　　①賛成　　　　②やや賛成　　　　③やや反対　　　　④反対

集計用紙の例：集計結果をこのような表にまとめておくと便利です。

質問1 夫婦別姓の議論のニュースを見聞きしたことがありますか。		
選択肢	男	女
①ない		
②聞いたような気がする		
③ある		
④よくある		
備考（未回答やその他の内容など特記事項があれば記入）		

▍プレゼン資料の例

**夫婦同姓／別性
についての意識調査**

アンケート調査報告
XX 年○月○日
○○大学○学部○学科○年
A 班
天野真樹、森本明人、松田友樹、
松下勇太、本橋聖子、島村結

表紙

　発表タイトル、発表年月日、所属、氏名（グループで取り組んだ場合はメンバー全員の氏名）を記載します。

はじめに

日本の戸籍法では夫婦同姓が定められている。
⇒結婚すると夫婦どちらかが改姓。

夫婦同姓が定められている国は日本だけ。
⇒制度改革を求める声も多い。

学生たちの意識調査をした結果を報告する。

はじめに

　問題提起、調査の動機などを箇条書きで簡潔に書きます。
　引用以外は「だ・である体（常体）」で書き、発表時に「です・ます体（敬体）」にして話します。

アンケート調査

・調査年月日：XX 年○月○日
・場所：○○大学構内
・対象：○○大学○学部○学科○年生
・回答者：男子 50 名、女子 44 名、計 94 名

アンケート調査

　調査年月日、調査場所、調査対象、回答者（人数、性別などうちわけ）を明記します。

質問 1（担当：天野真樹）
夫婦別姓の議論のニュースを見聞きしたことがありますか。

調査結果

　見やすく、比較しやすいように作成します。評価用紙(p.144)に記入しやすいよう、「質問 1」のように冒頭に質問番号をつけます。

▎プレゼン資料の作り方　「PowerPoint」作成時の注意点

1　「一目瞭然」であることが大切

　性別などのグラフを比較しながら見ることができ、選択肢の内容やパーセンテージもグラフ上に記されているようなレイアウトスタイルを選びましょう。1つの質問に対して1ページの資料を作成します。

2　アニメーションは入れない

　「PowerPoint」の機能の1つ「アニメーション」は、動かすタイミングなど作成者にしかわからないことが多く、自分で操作しない場合には向きません。また、印刷する際にも不具合がよく起きます。

3　見やすくするために整える

　スタイルが定まったら、フォントおよびフォントサイズの変更、文字の配置の調整などをしましょう。文字はなるべく大きくしましょう（見本を作ってシェアすると、項目を書き換えるだけで済みます）。

4　グラフを入れてわかりやすく

　「PowerPoint」で簡単にグラフが作成できます。「挿入」→「グラフ」→「円」を選び確定すると、左下のような表が立ち上がるので、必要事項を入力すると、右下のような、数値を%に換算した円グラフが作成されます。

	男子
①ない	5
②聞いたような気がする	10
③ある	15
④よくある	20

選択肢を選んだ人数を入力します

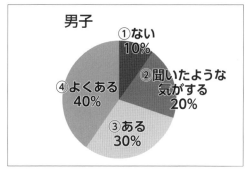

自動で%に換算されます

プレゼンスクリプトを書く

　プレゼンテーションの際には、「です・ます体」で話します。「プレゼンスクリプト」（台本）を用意するといいでしょう。

1　進行役が話す部分の設計図を作成する。
2　アンケート結果報告と考察の設計図を作成する。
3　設計図をもとにスクリプト（台本）を作成する。

　アンケート結果以外に、省庁の資料や新聞記事、本なども参照してみましょう。
　次のページのプレゼンスクリプトは、p.45の内閣府の「家族の法制に関する世論調査」や、次の資料などを参考にしています。

選択的夫婦別氏制度（いわゆる選択的夫婦別姓制度）について

Q1　選択的夫婦別氏制度とは，何ですか。

A　現在は，男女が結婚するときは，全ての夫婦は必ず同じ氏（「姓」や「名字」のことを法律上は「氏」と呼んでいます。以下同じ。）を名乗らなければならないことになっています。選択的夫婦別氏制度とは，このような夫婦は同じ氏を名乗るという現在の制度に加えて，希望する夫婦が結婚後にそれぞれの結婚前の氏を名乗ることも認めるというものです。

　もちろん，選択的な制度ですから，全ての夫婦が別々の氏を名乗らなければならないわけではありません。これまでどおり夫婦が同じ氏を名乗りたい場合には同じ氏を名乗ることもできますし，夫婦が別々の氏を名乗ることを希望した場合には別々の氏を名乗ることもできるようにしようという制度です。

（中略）

Q4　なぜ，選択的夫婦別氏制度の導入を希望する人がいるのですか。

A　夫婦が必ず同じ氏を名乗ることとしている現在の夫婦同氏制度の下では，夫婦の一方は結婚のときに必ず氏を変えなければならないことになります。

　ところが，結婚のときに夫婦の一方が必ず氏を変えなければならないことによって，(1) 代々受け継がれてきた氏を大切にしたいという感情を持つ人が増えていることから，一人っ子同士の結婚のような場合に，氏を変えることが事実上結婚の障害となったり，(2) 結婚に際して氏を変えることによって，本人の同一性が確認できなくなり，職業生活上不利益を被るといった事態などが生じています。

　そこで，夫婦の双方が氏を変えることなく結婚することができるようにする選択的夫婦別氏制度の導入を希望する人がいるのです。

Q5　夫婦が必ず同じ氏を名乗ることになったのは，いつからですか。

A　夫婦が同じ氏を名乗るという慣行が定着したのは，明治時代からだといわれています。明治31年に施行された戦前の民法では，戸主と家族は家の氏を名乗ることとされた結果，夫婦は同じ氏を称するという制度が採用されました。明治時代より前は，そもそも庶民には氏を名乗ることは許されていませんでした。第二次世界大戦後の昭和22年に施行された民法では，「夫婦は，婚姻の際に定めるところに従い，夫又は妻の氏を称する。」とされました。これが，現在の制度です。

（後略）

法務省ウェブサイト〈https://www.moj.go.jp/MINJI/minji36-01.html〉2021年9月20日参照

プレゼンスクリプト例

　プレゼンテーションの際には、脳内で「です・ます体」に変換し、情報を補いながら話しますが、慣れるまでは、次のような「プレゼンスクリプト」（台本）を用意するといいでしょう。

進行役：　これからA班の発表を始めます。まず、メンバーを紹介します。天野真樹さん、森本明人さん……です。私たちA班がアンケート調査のテーマに選んだのは「夫婦別姓」です。どうぞよろしくお願いします。

　　　　　日本の戸籍法では夫婦同姓が定められています。結婚すると夫婦どちらかが姓を変えなくてはなりません。この制度は1898年の旧民法で定められ、戦後、1947年に成立した改正民法にも引き継がれたものです。夫婦同姓が法律で決まっている国はほぼ日本だけなので、この制度の改正を求める声は多いです。この議論に対して、〇〇大学の学生たちはどのような意識を持っているかを調査しました。

　　　　　アンケート調査は、XX年〇月〇日に、〇〇大学構内で行いました。対象者は〇〇大学〇学部〇学科〇年の日本人学生、男子50名、女子44名、合計94名です。これから、それぞれ、質問の説明、集計結果の報告、気づいた点、考えたことなどを報告します。

発表者1：　天野真樹です。私は質問番号1の「夫婦別姓の議論のニュースを見聞きしたことがありますか」について報告します。日本では女性が改姓することがほとんどなので、このニュースには強い関心を持っていました。アンケート調査にあたって、「①ない　②聞いたような気がする　③ある　④よくある」、という4つの選択肢を用意しました。結果はグラフのようになりました。男女ともにニュースを見聞きしたことがある学生が多いですが、①の「ない」と答えた男子学生が10%いるのに対し、女子は0%でした。これは、このニュースに対して、男子学生より女子学生の方がより関心を持っていることを表しています。結婚して姓が変わるのは圧倒的に女性のほうが多いということが、関心の高さにつながっているのではないでしょうか。では、次の質問に移ります。

発表者2：森本明人です。私は……

（以下、それぞれの発表をする）

進行役：　以上で、私たちA班の報告を終わります。ご清聴ありがとうございました。

（時間に余裕があれば、最後に1人ずつ感想を話してもよい）

139

設計図例：前のページの文章はこの設計図をもとに書かれています。

	テーマ	夫婦別姓
進行役	**第一段落**	はじめの挨拶・紹介 ●これからA班の発表をはじめます。まず、メンバーを紹介します… ●テーマに選んだのは「夫婦別姓」 ●どうぞよろしくお願いします。
進行役	**第二段落**	テーマの説明 ●日本の戸籍法では夫婦同姓が定められている。結婚すると夫婦どちらかが改姓する。 ●この制度は1898年（明治31年）の旧民法で定められ、戦後、1947年（昭和22年）に成立した改正民法にも引き継がれた。 ●夫婦同姓が法で定められている国は、ほぼ日本だけ。日本でも制度の改正を求める声は多い。
進行役	**第三段落**	アンケート調査について 調査年月日　　××年○月○日 場所　　　　　○○大学構内 対象　　　　　○○大学○○学部○○学科○年生 回答者　　　　男子50名　女子44名　計94名
各発表者	**第四段落** どんな質問をしたか	●質問番号1「夫婦別姓の議論のニュースを見聞きしたことがありますか」
各発表者	質問の動機・目的など	●女性は結婚すると改姓する場合がほとんどなので、このニュースに強い関心を持っていた。
各発表者	4つの選択肢	①ない　　　　　　　　　　②聞いたような気がする ③ある　　　　　　　　　　④よくある
各発表者	気づいた点	●男女ともに見聞きしたことがある学生が多い。 ●①の「ない」と答えた男子学生が10%いるのに対し、女子は0％
各発表者	考えたこと	●女子のほうが姓を変えることが圧倒的に多い社会なので、女子の関心がより高い。
進行役	**第五段落**	終わりの挨拶 ●以上でA班の報告を終わります。ご清聴ありがとうございました。

文章設計図：この設計図に記入してから、文章を書きましょう。

	テーマ	
進行役	**第一段落**	はじめの挨拶・紹介
	第二段落	テーマの説明
	第三段落	アンケート調査について 調査年月日 場所 対象 回答者
各発表者	**第四段落** どんな質問をしたか	質問番号「　　　」
	質問の動機・目的 など	
	４つの選択肢	①　　　　　　　　　　　　② ③　　　　　　　　　　　　④
	気づいた点	
	考えたこと	
進行役	**第五段落**	終わりの挨拶

プレゼンテーションの注意点

1　登壇はスムーズに

　特にグループでの発表の場合、だらだらと話しながら前に出てくる学生がいますが、登壇時から発表は既に始まっています。あらかじめ立ち位置を決めておいて、すみやかに登壇しましょう。私語は厳禁です。

2　立ち位置と姿勢

　「PowerPoint」などを使う時は、発表者の影が映像を遮らないようにしましょう。複数の発表者の場合、身体が重ならないように、気を配ります。移動する時には、聞き手に背中を見せないように気をつけて動きましょう。胸を張り、目線を5メートルぐらい先に置くようにすると、すっきりとした印象になります。身体が揺れる、目線が泳ぐ、などないように堂々と立ちましょう。

3　挨拶、お辞儀はしっかりと

　挨拶とお辞儀は、聞き手の意識を自分たちに向ける効果もあります。発表を聞いて欲しいという思いを込めて礼儀正しくしましょう。おなかを手のひらで押さえるようなお辞儀をよく見ますが、やめましょう。指はそろえましょう。

4　プレゼンスクリプトの持ち方と目線

　プレゼンスクリプトがないと不安な人は持って発表しますが、持たずにできるよう練習することも大切です。スクリプトを顔の前に持ってきたり、かがんでスクリプトをのぞき込んだりしないようにしましょう。慣れてくるとスクリプトがなくても「PowerPoint」の映像を示しながら、発表できるようになります。発表時には、たまにチェックするくらいにして、なるべく聞き手に目線を合わせましょう。

5　「PowerPoint」はあくまでも発表の補助として使う

　画面を読むような発表をするのではなく、自分が話す際の「板書」「画像提示」のツールとして利用しましょう。

6　トラブルがあった時

　グループで発表する時、急な欠席者が出た場合は、欠席者が他のメンバーに連絡して代役を立て、代わりに発表してもらいましょう。その際に、代役の人は「本日欠席の○○さんに代わりまして、私××が発表します」など、断りを入れます。

　機器のトラブルの場合は、あわてず、教師にすぐに相談すること。映像やマイクがなくても発表はできます。

　発表の前日までに、トラブルがないように複数の方法を用意する、トラブルが起きた際の対処法を考えておくことなども大切です。

　もしトラブルが起きてしまって謝る時には、動揺を見せず、軽く口角を上げるような笑顔で、冷静にきちんと謝りましょう。

チェック表

グループ名（氏名）	
評価	内容など気づいたこと・アドバイス
全体の進行　1　2　3　4　5 チームワーク　1　2　3　4　5 姿勢・態度　　1　2　3　4　5	
質問1　発声・発音　1　2　3　4　5 姿勢・態度　1　2　3　4　5 わかりやすさ　1　2　3　4　5	
質問2　発声・発音　1　2　3　4　5 姿勢・態度　1　2　3　4　5 わかりやすさ　1　2　3　4　5	
質問3　発声・発音　1　2　3　4　5 姿勢・態度　1　2　3　4　5 わかりやすさ　1　2　3　4　5	
質問4　発声・発音　1　2　3　4　5 姿勢・態度　1　2　3　4　5 わかりやすさ　1　2　3　4　5	
質問5　発声・発音　1　2　3　4　5 姿勢・態度　1　2　3　4　5 わかりやすさ　1　2　3　4　5	
質問6　発声・発音　1　2　3　4　5 姿勢・態度　1　2　3　4　5 わかりやすさ　1　2　3　4　5	

　「内容など気づいたこと・アドバイス」の欄には、発表できるように、「直すとよい点」、「よかった点」などを具体的に書きましょう。質問や考察への評価もこの欄に書くことができます。
　例：「全員で礼をする時はそろえたほうがいい」、「考察に具体例があってわかりやすかった」

付録 敬語のドリル

このドリルの目的☞

- 「尊敬語」「謙譲語」など
  敬語を区別する力をつける
- 「バイト敬語」を見分ける力をつける
- TPOに合わせて敬語を使い分ける力をつける
- 正しい敬語を使ってメールや
  手紙を書く力をつける

敬語のドリル　Part 1　敬語の識別

ポイント

敬語の分類

　これまで、敬語は、「尊敬語・謙譲語・丁寧語」の３つに分ける考え方が一般的でしたが、謙譲語と丁寧語がそれぞれ細かく分けられた「尊敬語・謙譲語Ⅰ・謙譲語Ⅱ・丁寧語・美化語」の５分類の指針が出ました（文化審議会国語分科会「敬語の指針」2007年２月）。しかし、謙譲語ⅠとⅡの区別は難しく、厳密に分けなくても使用上の問題はあまりないので、ここではまとめて扱います。

敬語の分類

1　**尊敬語**　相手や話題に登場する人物や、その人側の物や動作、状態などを高める。
　　　　　　「いらっしゃる」「なさる」「おいでになる」　など
2　**謙譲語**　その動作をする人物を低め、相手方の人を高め、敬意を表す。
　　　　　　「差し上げる」「ご案内いただく」「お持ちする」　など（謙譲語Ⅰ）
　　　　　　自分や話題に登場する人物を低めることにより、聞き手（読み手）に敬意を表す。
　　　　　　「申す」「まいる」「おる」　など（謙譲語Ⅱ）
3　**丁寧語**　話し手のていねいな気持ちを直接表現するために用いる。
　　　　　　「です」「ます」「ございます」　など
4　**美化語**　表現の上品さ、美しさの水準を上げるために用いる。
　　　　　　「お花」「お茶」「お料理」「ご近所」「ご祝儀」　など

敬語動詞一覧

動詞	尊敬語	謙譲語
いる	いらっしゃる／おいでになる	おる
する	なさる／される	いたす／させていただく
見る	ご覧になる	拝見する
聞く	お聞きになる	拝聴する
読む	お読みになる	拝読する
借りる	お借りになる	拝借する
わかる	おわかりになる	拝察する／お察しする
承諾する	ご了承なさる	かしこまる／うけたまわる
食べる	召し上がる／おあがりになる	いただく
着る	お召しになる	着させていただく
会う	お会いになる	お目にかかる
もらう	お受け（取り）になる	いただく／ちょうだいする／たまわる
やる、あげる（くれる）	お与えになる	差し上げる／献上する
来る	お越しになる／いらっしゃる　おいでになる／お見えになる	まいる／うかがう
行く	いらっしゃる／お行きになる	まいる／うかがう
持つ	お持ちになる	お持ちする

Ⅰ　＿＿＿＿でかこんだ敬語の種類（尊敬語・謙譲語）を考え、（　）の中に尊敬語ならば１、謙譲語ならば２を記入し、下に普通の表現を書きましょう。

　昔むかし、ある国で、１人の雪のように白く美しいお姫さまが お生まれになり ました。王さまと
　　　　　　　　　　　　　　　　　　　　　　　　　　　　　例（1）　生まれ

お妃さまは白雪姫と名づけ、可愛がって いらっしゃい ましたが、お妃さまは、その後すぐに
　　　　　　　　　　　　　　　　　　　（　）

亡くなられ 、一年ののちに、新しいお妃さまが いらっしゃい ました。このお妃さまは以前から、
（　）　　　　　　　　　　　　　　　　　　（　）

不思議な鏡を持って おいでになり ました。お妃さまは、その鏡を ごらんになる 時に、こう
　　　　　　　　　（　）　　　　　　　　　　　　　　　（　）

おっしゃる のでした。
（　）

　「鏡よ、鏡。この国でいちばん美しいのは誰でしょう」

　すると、鏡はいつも「お妃さま、あなたがいちばんお美しい」と 申し上げ 、お妃さまは
　　　　　　　　　　　　　　　　　　　　　　　　　　　　　　　（　）

安心なさる のでした。この鏡が嘘を言わないことを、お妃さまは、よく ご存じだった からです。
（　）　　　　　　　　　　　　　　　　　　　　　　　　　　　　　（　）

　やがて、白雪姫は、だんだん美しく お育ちになり ました。
　　　　　　　　　　　　　　　　　（　）

　ある日、お妃さまは、いつものように鏡に おたずねになり ました。
　　　　　　　　　　　　　　　　　　　　（　）

　「鏡よ、鏡。この国でいちばん美しいのは誰でしょう」

　ところがその日、鏡は次のように 申し上げ ました。
　　　　　　　　　　　　　　　　（　）

　「お妃さま、あなたはたいへんお美しい。けれども、白雪姫は、あなたの千倍もお美しい」

　お妃さまは、これを お聞きになる と、１人の狩人を お召しになり 、「白雪姫を森で殺して来なさい」
　　　　　　　　　（　）　　　　　　　　　　　　（　）

と お命じになり ました。狩人は少しためらって おり ましたが、「かしこまりました 。おっしゃる
　（　）　　　　　　　　　　　　　　　　　（　）　　　　（　）　　　　　　（　）

通りに いたし ます」と、承り ました。
　　（　）　　　　　（　）

　狩人は白雪姫と森の奥へ行き、「お命 ちょうだい します」と、ナイフで白雪姫を殺そうとしました。
　　　　　　　　　　　　　　　　　（　）

　すると、白雪姫は、「ああ、狩人さん、わたしを お助けください 。助けて いただけ ましたら、私は、
　　　　　　　　　　　　　　　　　　　　　　　（　）　　　　　（　）

もうお城には決して帰りません」と お泣きになり ました。
　　　　　　　　　　　　　　（　）

　狩人は、白雪姫があまりにお気の毒で、「それでは、お助け申し上げ ましょう」と、逃がして
　　　　　　　　　　　　　　　　　　　　　　（　）　　　　　　　　　　　（　）

差し上げ ました。
（　）

　城へ帰った狩人は、「お姫さまを殺して まいり ました」とお妃さまに 申し上げ 、たくさんのほう
　　　　　　　　　　　　　　　　（　）　　　　　　　　　（　）

びを たまわり ました。
　　（　）

（「白雪姫」　グリム童話）

┃ポイント┃

敬語で特に気をつけること

① 「ございます」の使い分けに注意する

謙譲の意味の強い丁寧語です。

「です」「ます」の意味で使われる場合は丁寧語です。

「ある」「いる」の意味の尊敬語ですが、「いらっしゃる」のほうが近年は敬意が伝わりやすいです。

② 二重敬語の間違いに注意する

同じ種類の敬語を重ねて使わないようにしましょう。

言う⇒×おっしゃられる 尊敬 ＋ 尊敬 （正しくは「おっしゃる」「言われる」）

見る⇒×ご覧になられる 尊敬 ＋ 尊敬 （正しくは「ご覧になる」「見られる」）

見る⇒×拝見させていただく 謙譲 ＋ 謙譲 （正しくは「拝見する」「見させていただく」など）

③ 謙譲語の誤用に注意する

謙譲語を相手の動作に対して使わないようにしましょう。

×社長は事務所におられますか（「おる」は「居る」の謙譲語）⇒○いらっしゃいますか。

×何時にまいられますか（「まいる」は「行く」の謙譲語）⇒○いらっしゃいますか。

×お客さまのご意見は必ず上司に申し上げておきます⇒○申し伝えておきます。

×了解しました⇒○承知いたしました　○かしこまりました

④ 身内に敬語（家族、会社）は使わない

×お母さん⇒○母

×お父さんのお姉さん⇒○父の姉／伯母

×わが社の○○部長に申し上げておきます⇒○弊社部長の○○に申し伝えます。

⑤ 「〜いただきます」は関係性を考えて使う

「食べる」「もらう」の謙譲語で、相手との関係性による誤用が多い言葉です。「〜していただく」は相手への敬意を表します。また、相手の許可と関係がないことに「させていただく」を使うのは不自然です。

×はじめまして。○○社に勤務させていただいております××と申します。自社への敬意は不要

○御社の駐車場を使わせていただき、ありがとうございます。許可した相手への敬意

×よく冷やすとおいしくいただけます。食べるのは相手です。

○よく冷やすとおいしく召し上がっていただけます。召し上がるのは相手、「していただく」のは自分

⑥ 動物に敬語・敬称は使わない

×うちのわんちゃんにお食事をあげる⇒○うちの犬に餌をやる

×わんちゃんが喜んでくれる⇒○犬が喜ぶ

⑦ いろいろな「召す（めす）」

英語の「take」のようにいろいろな意味があります。

「お気に召す」（気に入る）／衣装をお召しになる（着る）／料理を召しあがる（食べる）／「お年を召す」（年をとる）／「天に召される」（死ぬ・呼ばれる）／「お風邪を召す」（風邪をひく）

⑧ 敬語のつもりで実は間違い（バイト敬語）

×こちらがコーヒーになります。⇒○コーヒーをお持ちいたしました（コーヒーです）。

×コーヒーでよろしかったでしょうか。⇒○コーヒーでよろしいでしょうか。

×コーヒーのほうおかわりいかがですか。⇒○コーヒーのおかわりはいかがですか。

⑨ 目上の人に知識・理解・可能を問う

日本語文法として間違いはありませんが、特にあたりまえのことや簡単なことを聞くと、失礼な印象を与える可能性があります。

△先生、この小説のタイトル、ご存じですか。
⇒○先生、この小説のタイトルを教えていただけますか。

△お客様、この契約書の内容、おわかりになりますか。
⇒○お客様、この契約書の内容を説明いたしましょうか。

△部長、車の運転はおできになりますか。
⇒○部長、車の運転はなさいますか。

⑩ 自分を指す言葉

自分のことは「私」と書き、「あたし」「僕」「自分」などは使わないようにしましょう。
「自分」は体育会系や軍隊のような印象を与える可能性があります。

⑪ 「お疲れさまでした」「御苦労さまでした」

目上の人に「お疲れさま」「ご苦労さま」と言わないようにしましょう。
×先生、お疲れさまでした。
⇒○先生、お手数をおかけしました。／ありがとうございました。／お世話になりました。

ポイント

相手に敬意・誠意を示す動作・マナー

＊先生やお客に対しては、姿勢よく、落ち着いて応対しましょう。あごをひいて、相手を見下ろさないように低姿勢で接しましょう。

＊礼（おじぎ）をする時は、相手の目を見てから、腰から背中をまっすぐに傾けましょう。
　　　傾ける角度によっていねいさの度合いが変わります。15°（会釈）〜45°（最敬礼）
　　　男性は手を両脇にそろえ、女性は指先を体の前でそろえて軽く重ねます。
　　　おじきをしたところで動作を一度止めて、ゆっくり体を起こします。

＊ものを指し示す時は、指ささず、指をそろえて手のひらをやや上に向けるようにしましょう。

＊ものを受け取る時は、両手で、手のひらの上に乗せ、軽く礼をしましょう。

敬語のドリル　Part 2　バイト敬語を直す

Ⅰ　次の文の「バイト敬語」に下線をつけて、正しい敬語に直しましょう。

① ご予約の高橋様でございますね。

_____

② おたばこのほうはお吸いになられますか。

_____

③ 喫煙席にいたしますか。

_____

④ のちほどお名前を呼ばせていただきます。

_____

⑤ 佐藤様はおられますか。お呼びしてもらえますか。

_____

⑥ 30分ほどお待ちいただく形になります。

_____

⑦ よくかき混ぜますと、おいしくいただけます。

_____

⑧ ご注文のほう、以上でよろしかったでしょうか。了解しました。

_____

⑨ お箸のほうはどうされますか。

_____

⑩ お待ちどおさまでした。こちらＡランチになります。

_____

⑪ 10000円からお預かりいたします。

_____

⑫ 領収書をお返しいたします。

_____

敬語の実践　**Part 1**　先生宛てのメール

　やむを得ず欠席したり、課題提出が遅れたりという際にはメールを先生に出すといいでしょう。ただし、メールで済ませようとせず、あとで直接おわびし、相談しましょう。

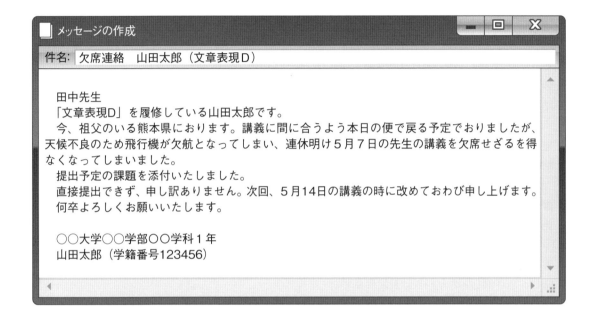

I　次の情報を参考に、メールを考えてみましょう。

　あなたは、試験の当日の朝、交通事故に遭い、欠席連絡ができないまま試験は終わりました。午後3時に時間ができたあなたは、先生に事情を説明し、再試験の相談をします。

情報　試　験　日：7月25日
　　　試験科目：教育学概論Ⅰ（大山一郎先生）
　　　事故状況：25日の朝9：30ごろ、交差点で。青信号点滅時に走って横断しようとしたところ、左折車と接触。
　　　怪我の状態：右足骨折。ギプス装着。松葉杖。3日間の入院予定。

敬語の実践　Part 2　お世話になった方への手紙

基本的な手紙の書き方を学び、実際に手紙を出してみましょう。

頭語と結語

「拝啓」で始めた場合、「敬具」で結びます。「前略」で始めた場合、「草々」で結びます。

時候の挨拶の例（書き出しの挨拶と結びの挨拶は呼応させましょう）

書き出し：陽春の候、ますますご健勝のことと存じます。
結び：これから暖かい季節となります。皆様のご多幸をお祈り申し上げます。

書き出し：夏休みはいかがお過ごしでしたでしょうか。
結び：残暑厳しきおり、皆様方のご無事息災を心よりお祈りいたします。

書き出し：野も山もすっかり色づき始め、肌寒い毎日ですが、いかがお過ごしでしょうか。
結び：皆様の秋もまた実りの多いものでありますように、お祈り申し上げます。

書き出し：厳寒の候いかがお過ごしでしょうか。
結び：寒さ厳しきおりから、お風邪など召しませぬよう、どうぞご自愛ください。

用件

「お世話になった方への手紙」では、お世話になったこと、そのことへの感謝の言葉を書きましょう。

自分の近況

自分が今していること、感じていることを、明暗をつけて報告しましょう。

これからの抱負

将来の夢、今後挑戦したいこと、まず着手したいこと、努力目標などを「遠近」をつけて書きます。

結びの挨拶文

時候の挨拶文と呼応させましょう。健康を気づかう言葉をよく入れますが、相手の状態、性格、自分との関係などをよく考えて言葉を選びましょう。

日付、氏名

必ず書きましょう。パソコンで入力した手紙でも氏名は手書きにしたほうがよりていねいです。

あて名

敬称は個人は「様」、先生には「先生」、会社には「御中」をつけましょう。

手紙の例

（本文・縦書き・右から左へ）

頭語
拝啓　梅雨あけの空がすがすがしい季節となりました。

挨拶
ご無沙汰いたしております。お元気でお過ごしでしょうか。

私が大学に入学いたしました際に、過分なお祝いを賜りまして、ありがとうございました。お祝いにいただいたお金で新しいノートパソコンを購入しまして、感謝申し上げるとともに、お礼を申し上げるのが遅くなりましたことをおわび申し上げます。

用件

近況（明暗）
私は現在、○○県にある○○大学○○学部で学んでおります。大学の寮から大学まで急な坂道を登らなくてはならず、毎朝よいトレーニングになりますが、遅刻しそうな時はとても苦しいです。大学の講義は、課題や提出物が多く、期日を守って提出するのが大変ですが、新しいものの見方や考え方に触れることができて、とても興味深いです。新しくできた友人たちも、想像していた以上に真剣に学んでいるので、驚きました。

抱負（遠近）
私はこの大学でしっかり学び、将来、社会に出て活躍できるような力をつけたいと思っております。今はとにかく英語を自在に使えるようになりたいです。

結びの挨拶
それでは失礼いたします。乱筆乱文をお許しください。もうすぐ夏になります。これからもどうぞお元気でお過ごしください。

結語
敬具

日付
二〇二一年六月八日

氏名
天野　真樹

あて名
山田　花枝　様
相手が先生の場合は「先生」

■設計図例

頭語	拝啓
第一段落	挨拶文（時候の挨拶や相手を思いやる挨拶） ●梅雨あけの空がすがすがしい季節となりました。 ●お元気でお過ごしでしょうか。
第二段落	用件（お礼、おわび、報告など） ●大学の入学祝いをもらった。ノートパソコンが買えた。 ●お礼が遅くなってしまった。
第三段落	自分の近況（現在、どこでどのようなことをしているか、どんなことを感じているか。明暗をつける） ●○○県にある○○大学○○学部で学んでいる。 ●大学の寮から大学まで急な坂道。 ●トレーニングになるが遅刻しそうな時はつらい。 ●大学の講義は、課題や提出物が多い。 ●大変だが、新しいものの見方や考え方に触れることができる。 ●新しい友人たちの話。
第四段落	これからの抱負（遠い将来の目標と手近な努力目標） ●将来、社会に出て活躍できるような力をつけたい。（遠い将来の目標） ●英語をしっかり身につけたい。（手近な努力目標）
第五段落	結びの挨拶文（これからの季節や相手を思いやる挨拶） ●もうすぐ夏になります。これからもお元気でお過ごしください。
結語	敬具
日付	二〇二一年六月八日
氏名	天野真樹

手紙設計図

頭語	
第一段落	挨拶文（時候の挨拶や相手を思いやる挨拶）
第二段落	用件（お礼、おわび、報告など）
第三段落	自分の近況（現在、どこでどのようなことをしているか、どんなことを感じているか。明暗をつける）
第四段落	これからの抱負（遠い将来の目標と手近な努力目標）
第五段落	結びの挨拶文（これからの季節や相手を思いやる挨拶）
結語	
日付	
氏名	

▌手紙を書いてみましょう。

┃セルフチェック

採点基準（100点満点）		ポイント	チェック欄
技能点40点			
①	です・ます体 敬語	しっかり使えているか。「だ・である体」が混じっていないか。	
②	五段構成	段落が5つになっているか。	
③	文字（字形・漢字）	辞書を使って、しっかり漢字を使えているか。文字は正方形を意識してていねいに書いているか。	
④	原稿用紙のルール	頭語と結語、日付、氏名、あて名などがととのっているか。	
内容点60点			
⑤	第一段落	季節にふさわしい時候の挨拶が書かれているか。	
⑥	第二段落	用件が伝わるか。	
⑦	第三段落	自分の近況が明暗をつけて立体的に書かれているか。	
⑧	第四段落	遠い将来の目標と、手近な努力目標が書かれているか。	
⑨	第五段落	結びの挨拶文がしっかり書けているか。	
⑩	独創性・魅力	感謝の気持ちや近況などが伝わる、感じのよいていねいな手紙であるか。	
	自己採点		／100点

┃応用問題

他にもいろいろな手紙を書いてみましょう。
① ていねいなおわびの手紙
② ていねいな依頼の手紙
③ ていねいなファン・レター

敬語の実践 Part 3 敬語劇

学んだ敬語を実際に使ってみましょう。

敬語を使った劇の台本を作成し、上演しましょう。

敬語を実際に使う場面で、声に出して、敬語の感覚をつかみましょう。

敬語を使う場面を考える

目上の人に向けて話す場面（会社の社長と部下、先生と学生、就職面接など）

お客様に話す場面（老舗旅館、高級ホテル、航空機内など）

お願いをする場面（助けを求める、願い事をする、など）

日常の丁寧語を話す場面ではなく、尊敬語、謙譲語が必要とされる対人関係や場面を考えましょう。

グループに分かれる

1班3～5名程度。

ナレーター1名

敬語を使うべき相手1～2名

敬語を話す人1～2名

その他

台本を作成する

必ず何か1つアクシデントが起きるようにすると、さまざまな表現が使えます。

紹介、案内、質問、返答、説明、謝辞、謝罪、弁解、提案など、さまざまなコミュニケーションを想定しましょう。

上演する

教室の前の空間で、教卓や椅子などを利用しながら上演します。

ナレーターが、劇の内容、配役、場面などを説明して、始めます。

観客の役割

観客は、チェックシートに評価を記入しながら劇を見ます。

敬語劇例

	ナレーター	私たちＡ班は、「就職の面接」という敬語劇をします。舞台は面接会場です。敬語が苦手な学生Ａを松田、上手な学生Ｂを西村、面接官を中井、池山、ナレーターを私、関戸が担当します。 ここは○○株式会社の一室です。２名の学生が面接を受けます。 （入口ドアをノックする）
	学生A	○○大学○○学部○○学科、松田友樹であります。
	学生B	○○大学○○学部○○学科、西村光一です。
	面接官1	どうぞお入りください。
	学生2人	（ドアの所で一礼）失礼します。（椅子に座る前にお辞儀）本日はどうぞよろしくお願いいたします。
	面接官1	どうぞおかけください。
	学生2人	はい。（会釈して着席）
	ナレーター	面接が進んでいます。
	面接官2	応募書類の自己ＰＲを拝見しました。あなたの力を弊社でどのように生かせるかお話しください。まず松田友樹さんからどうぞ。
	学生A	はい。書類を拝見していただいて、ご存じとは思いますが、自分は、大学のラグビー部の副部長であります。部では、ムードメーカー的な感じで、試合が負けそうになってもポジティブな空気感に変えて勝利につなげたりできました。なので、御社でも色々な問題が起きてまいりました時に、この力を生かしてその場を明るくさせていただければ、と思う所存でございます。
	面接官2	（苦笑する）それでは、西村光一さん、おねがいします。
	学生B	はい。エントリーシートに書きましたように、私は教育学部で学んでおり、大学で学んだ知識そのものは直接御社の事業内容に関係するものではございません。しかし、私が教育実習や学習ボランティア等で身につけた、相手がどのように感じているかを理解し、わかりやすい説明を工夫する姿勢は、御社に入社して、さまざまな方と関わっていくうえで、必ず生かせると考えております。
	面接官1	以上で面接を終わります。
アクシデント	学生A	はい。（椅子の横に立ち）本日は、自分のためにありがとうございます。お疲れさまでした。（お辞儀）
	ナレーター	面接官２人が顔を見合わせています。
	学生B	はい。（椅子の横に立ち）本日はお時間を割いていただき、ありがとうございました。（お辞儀）
	学生2人	（出口まで歩き）失礼いたしました。（ドアの前で一礼し退出）
	ナレーター	就職面接は終了しました。学生Ａの台詞には間違った敬語、過剰な敬語など、いくつも問題がありました。ぜひ探してください。以上でＡ班の敬語劇を終わります。 （メンバー全員並んで一礼）

（間違った敬語、過剰な敬語に関する説明はp.148〜149参照）

設計図例

××年１月15日	A班
劇のタイトル	就職面接
劇の内容	○○株式会社の就職面接。２名の学生が面接官２名の面接を受ける。学生Aは敬語が苦手。
配役	ナレーター＝関戸愛 敬語対象者（ 面接官 　）＝中井優、池山涼太 敬語使用者（ 学生 　）＝松田友樹、西村光一
舞台・場面	○○株式会社の一室（面接会場）
出来事 **（アクシデントを入れる）**	●２名の学生が就職面接を受けている。 ●学生Aの最後の挨拶を聞いて、面接官２人が顔を見合わせる。
小道具・衣装	スーツ着用。ファイルケース。
気をつけること	会釈（15度）、一礼（30度）、お辞儀（最敬礼45度）。 ノックのしかた、ドアの開閉、着席・起立など。 時間があれば、学生Aの敬語の問題点を板書やプレゼンテーションソフトなどを用いて解説する。
立ち位置	ドア 学生の席 ナレーター 面接官

▌設計図

	年　　月　　日　　　　　　　　　　班		
劇のタイトル			
劇の内容			
配役	ナレーター＝ 敬語対象者（　　　　　　　　）＝ 敬語使用者（　　　　　　　　）＝		
舞台・場面			
出来事 **（アクシデントを** **入れる)**			
小道具・衣装			
気をつける **こと**			
立ち位置			

┃セルフチェック

班	劇のタイトル	
採点基準（25点満点）	**ポイント**	**チェック欄**
① 台本・場面設定	敬語を必要とする場面設定か。	
② ナレーターの解説	テーマ、場面、配役の解説はできたか。	
③ 敬語	適切な敬語が使われていたか。	
④ 敬意を示すふるまい	敬意を示す動作ができていたか。	
⑤ 演出・全体のまとまり	わかりやすく、全体にまとまっていたか。	
よかった点 改善すべき点 その他		合計得点 ／25点

応用問題

他にもさまざまな場面を考え、敬語劇を実践してみましょう。
① アルバイト先に「偉い人」がやってくる
② 恋人の家に行って家族と話す
③ 部活動の練習試合の対戦申し込みを、相手校の監督にする

ドリル解答

ことばのドリル　Part 1 (p.12)

I

① 富士山は日本で一番高い山です。

② 私は毎日、朝6時に起床します。

③ 赤い靴はあまり売れませんが、黒い靴はよく売れます。

　注　「売れないですが」よりやわらかい印象を与えます。

④ 彼は「この本を貸してくれ」と言いました。

　注　会話文の挿入はそのままにします。

⑤ 以前はハードカバーの本が好まれましたが、最近はあまり好まれないそうです。

⑥ 近い将来、電気自動車が主流になるのではないでしょうか。

⑦ 大学入学の年齢に上限はありませんが、下限はあります。

　注　「ありません」のほうが「ないです」よりやわらかい印象を与えます。

⑧ 「ゴミを捨てるな」という立て看板は、そこにはもう見当たりませんでした。

⑨ これは、広島県の観光資源について調査・報告した学生のレポートです。

　注　「であります」は少し体育会系や軍隊のような印象を与える可能性があります。

⑩ かつて、この一帯は海でしたが、今では高層マンションが立ち並んでいます。

ことばのドリル　Part 2 (p.13)

I

① 私は昨日、大学には行かなかった。

② 明日もこの作業をするのだろうか、と不安になった。

③ 彼は「この近くに郵便局はありますか」とたずねればよかったのではないだろうか。

④ 以前は赤い靴もよく売れたが、最近はあまり売れない。

⑤ 明日のことはわからないが、きっと晴れるだろう。

⑥ A先生がたばこを買うはずがない。彼の見まちがいではないだろうか（ないか）。

⑦ 「学生は階段を使いましょう」というポスターは、もうなかった。

⑧ 私は、高齢者の医療費について調査・考察しているが、これは大変難しい問題だ（である）。

⑨ パソコンの操作は難しい。（そこで・だから・そのため）、毎日、友人と練習しようと思う。

⑩ 富士山は美しい山だ（である）。私は登ったことがないが、父は登ったそうだ。

ことばのドリル　Part 3 (p.14〜17)

① ギターを弾く／電車が遅れた

② 食べられる／見られる

　来られる／覚えられない

③ 山中先生の出す数学の問題は複雑で、難しく、評判が悪い。

④ 明日は暑くなるそうだ。海は海水浴客でにぎわうだろう。

⑤ 少子高齢化が進んだので（ため）、年金問題が深刻化している。

⑥ 野球部の一年生がとても　〔 練習熱心なので／実力があるので　など 〕　、来年期待できそうです。

Ⅰ

① 敬体　私は怖がりではありませんが、この幽霊の話はとても怖かったです。

　常体　私は怖がりではないが、この幽霊の話はとても怖かった。

② 敬体　Ｔシャツは（でしたら）、こちらの赤いほうにするととても格好がいいのですが。

　常体　Ｔシャツは（ならば）、こちらの赤いほうにするととても格好がいいのだが。

③ 敬体　この本は無料だそうです。

　常体　この本は無料だそうだ。

④ 敬体　やはり、そのような話は、誰も聞いていませんでした。

　常体　やはり、そのよ　うな話は、誰も聞いていなかった。

⑤ 敬体　どうしてかは（理由は）わかりませんが、答えはAだと思います。

　常体　どうしてかは（理由は）わからないが、答えはAだと思う。

⑥ 敬体　タイルの床にすると、掃除がしやすく、衛生的で、とてもいいのではないでしょうか。

　常体　タイルの床にすると、掃除がしやすく、衛生的で、とてもいいのではないだろうか。

⑦ 敬体　それでは、どちらの方法がいいですか。

　常体　それでは、どちらの方法がいいか。

⑧ 敬体　しかし、彼はあちらのほうへ行ってしまいました。

　常体　しかし、彼はあちらのほうへ行ってしまった。

⑨ 敬体　私は人が勉強している時に、声をかけないようにしています。

　常体　私は人が勉強している時に、声をかけないようにしている。

　　注　文頭の「なので」は不要。

⑩ 敬体　先ほどの話し方では、小さな子どもにはわからないかもしれません。

　常体　先ほどの話し方では、小さな子どもにはわからないかもしれない。

Ⅱ

（文章例）

①

　私は花が好き（だ／です）。チューリップなどは、とてもかわいいと思（う／います）。以前は園芸や農作業などのようなことはあまり好きでは（なかった／ありませんでした）。しかし、挑戦（注経験・体験・実践など）してみると、それほど難しくなかったので、やはり、何事も挑戦してみなければわからないのだと思（った／いました）。

②

　日本には、制服が指定されている高校や、服装が自由な高校など、さまざまな高校が（ある／あります）。しかし、私はどちらかというと制服がよいと思（う／います）。

　確かに私服は自由で、学校帰りにどこかに立ち寄る際に、着替えをしなくてもよいので便利（だ／です）。暑い日や寒い日などにも、調整しやすいという利点も（ある／あります）。

　しかし、制服の場合、経済的に苦しい家庭の生徒も、平等に同じ服を着られ、朝、服を選ばなくてよいので楽で、外見も統一されていて高校生らしい（です）。

　これらのことから、やはり私は制服に賛成（する／します）。私の高校では学園祭の前日準備の日に限り、私服が許可されて（いた／いました）。学園祭当日に着る制服が、作業で汚れると不都合だから（だ／です）。私服を着ることは珍しいので楽しかったの（たが／ですが）、何を着て行こうかと一ヶ月以上前から悩んでしま（った／いました）。

ことばのドリル　Part 4 (p.18)

（文章例）

Ⅰ

①

タイトル：光合成

　　光合成（英語で photosynthesis）とは、葉緑素などの光合成色素を持つ生物の生化学反応です。主に植物や植物プランクトン、藻類などが光合成を行っています。光エネルギーを使って水と空気中の二酸化炭素から炭水化物（糖）を合成し、また、水を分解する過程で生じた酸素を大気中に供給します。光合成の名称は、アメリカの植物学者チャールズ・バーネスが、1893年に、初めて用いたものです。日本では、光合成のことをかつて炭酸同化作用と言いましたが、この言葉は、現在ではあまり使われていません。

②

タイトル：「YOSAKOIソーラン祭り」

　　「YOSAKOIソーラン祭り」とは、高知県の「よさこい祭り」と北海道の「ソーラン節」を結合させたパレード形式の祭りです。高知県では1954年から「よさこい祭り」が開催されていました。1992年、当時北海道大学の学生だった長谷川岳氏が学生仲間と一緒に「YOSAKOIソーラン祭り」を北海道で開催したのが始まりです。「YOSAKOIソーラン祭り」は、毎年6月上旬に北海道札幌市で行われます。この祭りには、北海道内のみならず日本全国、あるいは海外からも、例年200万人もの観客が訪れ、「さっぽろ雪まつり」と並ぶ札幌の大規模イベントとなっています。

ことばのドリル　Part 5 (p.19)

（要約例）

Ⅰ

・バスケットボールは、1891年にアメリカで考案された屋内の球技である。

・オリンピックの正式種目で、大変人気のあるスポーツになっている。

・1チーム5名。相手チームのゴール（バスケット）にボールを入れ、得点を競う。

・ルールは複雑でファウル5回で退場となる。

・日本でも多くの小中高等学校の体育の授業で採用されている。

・1990年代以降、人気漫画の影響で人気が急上昇した。

Ⅱ

（箇条書き例）

・レポートを書くとき、〝コピペ〟はしてはいけない行為である。

・資料に書かれていることと、自分自身が考えたことはしっかり区別しなくてはならない。

・資料から引用する方法の1つは、引用であることがわかるようにして一字一句変えずに紹介する「直接引用」である。

・もう1つは、資料の内容を要約して紹介する「間接引用」である。

・どちらの場合も誰が書いて、いつどこから出された何という資料なのかはっきりわかるように書く必要がある。

（要約例）

　他人が書いたものを自分が書いたかのように〝コピペ〟せず、参考にした資料の文章をそのまま引用するか、または要約して引用し、出典を明記しなければならない。

ことばのドリル　Part 6 （p.20〜21）

略称・頭文字は
1マスに1字ずつ

1行あける

3マス
あける

ダッシュ（―）
は2マス使用

1マス
あける

基本的には縦書きの場合
は漢数字に

固有名詞の中に3桁の数
字がある場合、1マスに
3桁収めて縦書きにする
場合もある

　私の大切なもの
　　　　——
　　　　ＭＴＢ

　　中山　祐一

　私の宝物は、ＭＴＢです。先月、貯金すべてと春休みのアルバイト料とを合わせて購入しました。

　「ＭＴＢ」とは、「マウンテンバイク」の略称で、荒野や急坂、段差のある地形でも安定した高速走行が可能な自転車のことです。私が購入したのは、「Melody500a」という最新型の車種で、定価は二十万円近くしますが、交渉して十五万五千円で買えました。

ことばのドリル　Part 7 (p.22～23)

Ⅰ

①見づらい　②どおり　③しく　④すみません　⑤いう　⑥ぶさた
⑦違って　⑧を　⑨ふんいき　⑩シミュレーション　⑪それでは　⑫舌つづみ

Ⅱ

①末梢→抹消　片向いて→傾いて　特長→特徴　治した→直した　確立→確率　改心→会心
②閉めて→締めて　向かえ→迎え　当たり→辺り　馴つかれて→懐かれて　匂い→臭い
　やむ終えず→やむを得ず
③一同に→一堂に　奮った→振るった　絶体に→絶対に　閉め切り→締め切り・〆切
　急がしい→忙しい　辞めてしまった→止めてしまった
④意外に→以外に　取り得→取り柄　根を上げる→音を上げる　修行→修業　適正→適性
　腕効き→腕利き
⑤振って→降って　マイナス20度代→マイナス20度台　氷って→凍って　掛かって→架かって
　引き換えして→引き返して　新ためて→改めて

Ⅲ

①布を裁つ／東京を発つ／酒を断つ／日数が経つ／ステージに立つ／家が建つ／消息を絶つ
②会議に諮る／気温を測る／タイミングを計る／合理化を図る／暗殺を謀る
③家に人を泊める／エアコンを止める／港に船を停める／ボタンを留める
④家にお越しください／8時に起こした／産業を興した
⑤問題を解く／人に道徳を説く／絵具を水に溶く
⑥理に適う／願いが叶う／敵う者はいない
⑦果物が傷む／彼の死を悼む／傷口が痛む
⑧空気を入れ換（替）える／正気に返る／急に予定を変える／家に帰る／卵が孵る
⑨病の床に就く／杖を突く／霊がとり憑く／火が点く／家に着く
⑩中国語を修める／国を治める／税金を納める／成果を収める
⑪絵を描く／文字を書く／主要メンバーを欠く
⑫徳の高い僧侶／お得な商品／特に問題はない
⑬傘を差す／将棋を指す／花瓶に花を挿す／ナイフで刺す
⑭身元を保証する／損失を補償する／権利を保障する
注　　　　の漢字・読み方は常用漢字表にはないものです。

ことばのドリル　Part 8 (p.24)

Ⅰ

① 主観（気持ち）
② 客観（例年の事例）
③ 客観（一般的に言われていること）
④ 「」内は彼の主観。文全体は客観。
⑤ 客観（経験）
⑥ 客観（事実）
⑦ 主観（自分の推測）
⑧ 客観（伝聞の情報）
⑨ 客観（事実）
⑩ 客観（定義）
⑪ 客観（一般的事例）
⑫ 主観（感想）

敬語のドリル　Part 1 (p.147)

1＝尊敬語　2＝謙譲語

I

　昔むかし、ある国で、１人の雪のように白く美しいお姫さまが｜生まれ｜1｜ました。王さまとお妃さまは白雪姫と名づけ、可愛がって｜い｜1｜ましたが、お妃さまは、その後すぐに｜亡くなり｜1｜、一年ののちに、新しいお妃さまが｜来｜1｜ました。このお妃さまは以前から、不思議な鏡を持って｜い｜1｜ました。お妃さまは、その鏡を｜見る｜1｜時に、こう｜言う｜1｜のでした。

　「鏡よ、鏡。この国でいちばん美しいのは誰でしょう」

　すると、鏡はいつも「お妃さま、あなたがいちばんお美しい」と｜言い｜2｜、お妃さまは｜安心する｜1｜のでした。この鏡が嘘を言わないことを、お妃さまは、よく｜知っていた｜1｜からです。

　やがて、白雪姫は、だんだん美しく｜育ち｜1｜ました。

　ある日、お妃さまは、いつものように鏡に｜聞き／たずね｜1｜ました。

　「鏡よ、鏡。この国でいちばん美しいのは誰でしょう」

　ところがその日、鏡は次のように｜言い｜2｜ました。

　「お妃さま、あなたはたいへんお美しい。けれども、白雪姫は、あなたの千倍もお美しい」

　お妃さまは、これを｜聞く｜1｜と、１人の狩人を｜呼び｜1｜、「白雪姫を森で殺して来なさい」と｜命じ｜1｜ました。狩人は少しためらって｜い｜2｜ましたが、「わかりました｜2｜。｜言う｜1｜通りに｜し｜2｜ます」と、｜引き受け／承諾し｜2｜ました。

　狩人は白雪姫と森の奥へ行き、「お命｜もらい｜2｜ます」と、ナイフで白雪姫を殺そうとしました。

　すると、白雪姫は、「ああ、狩人さん、わたしを｜助けてください｜1｜[注]。助けて｜もらえ｜2｜ましたら、私は、もうお城には決して帰りません」と｜泣き｜1｜ました。

　狩人は、白雪姫があまりにお気の毒で、「それでは、｜助け｜2｜ましょう」と、｜逃がし／逃がしてやり｜2｜ました。

　城へ帰った狩人は、「お姫さまを殺して｜来｜2｜ました」とお妃さまに｜言い｜2｜、たくさんのほうびを｜もらい｜2｜ました。

注 白雪姫の方が狩人より身分が上だが、ここでは命乞いをしているので、狩人に対して敬語を使っている。

敬語のドリル　Part 2 (p.150)

I

（解答例）

① ご予約の高橋様でいらっしゃいますね。

　　注 「ある」「いる」の意味の時は「いらっしゃる」を使う

② おたばこは、お吸いになりますか。

　　注 二重敬語

③ 喫煙席になさいますか。

④ のちほどお名前を呼ばせていただきます（お呼びいたします）。

　　注 「～せる」でよいところを「～させる」にしない。

⑤ 佐藤様はいらっしゃいますか。お呼びいただけますか。

⑥ 30分ほどお待ちいただきますがよろしいでしょうか。

⑦ よくかき混ぜると、おいしく召し上がっていただけます。

⑧ ご注文は、以上でよろしいでしょうか。かしこまりました。

    注 「ほう」は使わない。「よろしかった」など過去形にするのは北海道や東北の一部の方言。

⑨ お箸はお使いになりますか。

⑩ お待たせいたしました。Aランチをお持ちいたしました。

    注 「お（ご）＋動詞＋になる」（例：お飲みになる）という敬語表現はあるが、「名詞＋になる」は敬語表現として使わない。

⑪ 10000円、お預かりいたします。

    注 「ちょうど」も「から」も必要ない。

⑫ 領収書をどうぞ（でございます、お出しします）。

    注 クレジットカードなどは「返す」が、領収書は「出す」もの

敬語の実践　Part 1 （p.151）

（解答例）

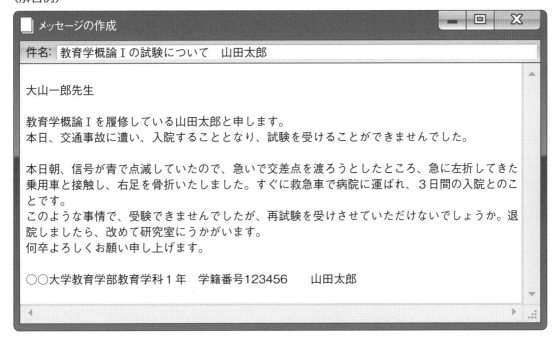

敬語の実践　Part 3　(p.158〜159)

学生Aの間違った敬語、過剰な敬語、文法の誤りの例

1

　〇〇大学〇〇学部〇〇学科、松田友樹であります。
　　　　　　　　　　　　　　　　　　　①

2

　はい。書類を拝見していただいて、ご存じとは思いますが、自分は、大学のラグビー部の副部長で
　　　　　②　　　　　　　　　　　③　　　　　　④
あります。部では、ムードメーカー的な感じで、試合が負けそうになってもポジティブな空気感に変
　⑤　　　　　　　　　　　⑥　　　　　　⑦　　　　　　　　　　　　　　　⑧
えて勝利につなげたりできました。なので、御社でも色々な問題が起きてまいりました時に、この力
　　　　　　　⑨　　　　　　　⑩　　　　　　　　　　　⑪
を生かしてその場を明るくさせていただければ、と思う所存でございます。
　　　　　　　　　　　⑫　　　　　　　　　⑬

3

　はい。（椅子の横に立ち）本日は、自分のためにありがとうございます。お疲れさまでした。
　　　　　　　　　　　　　　　　⑭　　　　　　　　⑮　　　　　　　⑯

① 「〜であります」は、上下関係の強い運動部などでは使われることがありますが、通常は使いません。「〜です」を使いましょう。

② 「拝見する」は謙譲語なので、相手の動作には使いません。

③ ご存じとは思いますが、は不要です。

④ 自分自身のことは「私」と言いましょう。

⑤ 「〜であります」ではなく「〜です」。

⑥ 「〜的な感じ」はくだけた表現です。

⑦ 「試合が負ける」のではなく「試合に負ける」です。

⑧ 「空気感」とは言いません。

⑨ 「たり」は2つ以上の事柄を並べる時に使うことが多く、ここでは不要です。

⑩ 文頭の「なので」は不要。

⑪ 「(問題が) 起きてまいる」は過剰。「問題」に敬語を使う必要はありません。

⑫ 「〜させていただく」は、誰かに許可をもらって何かをする時に使います。ここでは許可は関係ありません。

⑬ 「思う」と「所存である」は意味が重なります。

⑭ 「自分のために」は不要。

⑮ 退出の際には、「ありがとうございました」と過去形にします。

⑯ 「お疲れさまです」は、立場が上の人が相手の労をねぎらう言葉です。「お手数おかけしました」「ありがとうございました」などを使いましょう。

（文章例）

1

　〇〇大学〇〇学部〇〇学科、松田友樹です。

2

　はい。提出いたしました書類にも書きましたが、私は大学のラグビー部の副部長をしております。部ではムードメーカーとして、試合に負けそうな時にも、ポジティブな空気に変えて勝利につなげることができました。御社で働くうえで、何か問題が起きました際にも、この力を生かしてその場を明るいものにしたいと思っております。

3

　本日はお時間を割いていただき、ありがとうございました。

　また、Ａくんの回答の内容も、具体的ではなく、問題があります。気がついたことを話し合ってみましょう。

銅直信子 どうべた・のぶこ
元敬愛大学・城西国際大学非常勤講師

神田外語大学大学院 言語科学研究科日本語学専攻修士課程修了
立教大学大学院21世紀社会デザイン研究科博士前期課程修了

著書（共著）
『あなたの弱点がわかる！日本語能力試験　1級模試』
『あなたの弱点がわかる！日本語能力試験　2級模試』
『あなたの弱点がわかる！日本語能力試験　3級模試』
（すべてユニコム、2005年）
『あなたの弱点がわかる！日本語能力試験　N1模試×2』
『あなたの弱点がわかる！日本語能力試験　N2模試×2』
（すべてユニコム、2013年）

坂東（丸尾）実子 ばんどう（まるお）じつこ
敬愛大学教育学部こども教育学科非常勤講師・明治大学情報コミュニケーション学部兼任講師

東京学芸大学大学院教育学研究科国語教育専攻修士課程修了
成城大学大学院文学研究科国文学専攻博士後期課程単位取得満期退学
大手大学進学予備校にて国語および小論文の模擬試験に30年以上関わる。
元タイ国タマサート大学教養学部および大学院国際学研究科専任講師
元東京学芸大学附属国際中等教育学校非常勤講師

著書
『大学生のための文章表現練習帳　第2版』（単著）
（国書刊行会、2021）
『〈おしゃべり〉は卒業！　小論文、レポート、現代文読解に効く！要約トレーニング問題集』（電子書籍）
（まんがびと、2022）
『漱石文学全注釈7 三四郎』（共著）
（若草書房、2018）

大学生のための文章表現＆口頭発表 練習帳 改訂第2版

2013年　3月　1日　初版第1刷　発行
2019年10月20日　改訂版第1刷　発行
2021年11月10日　改訂第2版第1刷　発行
2023年　4月30日　改訂第2版第2刷　発行

著者 ——— 銅直信子
　　　　　　坂東実子
発行者 ——— 佐藤今朝夫
発行所 ——— 株式会社国書刊行会
　　　　　　〒174-0056　東京都板橋区志村1-13-15
　　　　　　電話　03-5970-7421　ファクス　03-5970-7427
　　　　　　https://www.kokusho.co.jp
装幀 ——— 長田年伸
イラスト ——— 坂木浩子
組版 ——— 株式会社明昌堂・株式会社シーフォース
印刷 ——— 株式会社シーフォース
製本 ——— 株式会社村上製本所

ISBN 978-4-336-07282-5